Antje Seeling

Schwarzwald

DER NORDEN

50 MIKROABENTEUER

ZUM ENTDECKEN UND GENIESSEN

360° medien

IMPRESSUM

Schwarzwald – Der Norden

50 MIKROABENTEUER ZUM ENTDECKEN UND GENIESSEN

Antje Seeling

Nachtigallenweg 1 | 40822 Mettmann
360grad-medien.de

Redaktion und Lektorat: Christine Walter

Satz und Layout: Marc Alberti

Gedruckt und gebunden:
Himmer GmbH Druckerei & Verlag | Steinerne Furt 95 | 86167 Augsburg
www.himmer.de

Bildnachweis: siehe Seite 256

ISBN: 978-3-96855-384-9
Hergestellt in Deutschland

360grad-medien.de

Vorwort

Es gibt wenig, was man hier nicht machen kann. Nicht umsonst ist der Schwarzwald eine der beliebtesten Urlaubsregionen in Deutschland. An manchen Stellen leider entsprechend überlaufen. Nicht so im Nordschwarzwald. Hier findet man mühelos magische Orte, Ruhe und echte Wildnis, die anderswo selten geworden sind. Nur schwarz ist er nicht, eher grün. Sehr grün sogar.

Auf fast zwei Drittel der Fläche des Nördlichen Schwarzwaldes wachsen Bäume, deutlich mehr als im übrigen Baden-Württemberg. Tannen- und Kiefern duften, die Luft ist frisch und rein – perfekt, um den Alltagsstress mal für eine Weile hinter sich zu lassen. Auch die erste Wildruhezone befindet sich in der Region: auf dem Sommerberg Bad Wildbad. Auerhahn und -henne sind hier heimisch, aktuell leben 36 dieser bis zu einen Meter großen, seltenen Vögel im Nördlichen Schwarzwald, wo sie die für sie lebenswichtigen Heidelbeeren finden können. Sehen wird man die beeindruckenden Tiere nur mit sehr viel Glück, hören manchmal schon.

Seit 2016 ist der Nördliche Schwarzwald ein nachhaltiges Reiseziel, das für Naturbegeisterte keine Wünsche offen lässt. Und zwar übers ganze Jahr. Im Frühling lockt die Wildkrokusblüte ins Teinachtal, auf und am Sommerberg warten Schwarzwaldabenteuer für die ganze Familie wie Baumwipfelpfad oder Hängebrücke, vom Himmelsglück-Turm in Schömberg schweben

Mutige kopfüber über die Baumspitzen und nicht nur in der kalten Jahreszeit sorgen gleich mehrere Thermalquellen im Schwarzwald fürs Wohlbefinden. Man kann die Welt voller wilder Wunder im Nationalparkzentrum am Ruhestein oder bei einer Tour mit einem Ranger im Nationalpark Schwarzwald erkunden. Nicht nur die Flüsse Enz und Nagold laden zu herrlichen Radtouren ein, an deren Strecken Burgen, Klöster und so manche leckere Einkehr zur Rast locken.

Und ja, wandern kann man im Nördlichen Schwarzwald auch. Und wie! Mehr als 1400 Kilometer markierte Wege, Genießer- und Qualitätswanderwege sorgen für abwechslungsreiche Touren.

Dieses Buch liefert Ihnen Ideen und Inspiration für 50 unvergessliche Ausflüge im Nördlichen Schwarzwald. Viel Spaß beim Genießen!

Antje Seeling

Nordschwarzwaldidylle

Inhaltsverzeichnis

Hinweis: Aus Gründen der besseren Lesbarkeit wird auf eine geschlechtsneutrale Differenzierung verzichtet. Entsprechende Begriffe gelten im Sinne der Gleichbehandlung grundsätzlich für alle Geschlechter. Die verkürzte Sprachform beinhaltet keine Wertung.

Kapelle in Friedrichstal, Baiersbronn

Willkommen im Nordschwarzwald

Der Nordschwarzwald ist Teil des höchsten Mittelgebirgslandschaft im Südwesten Deutschlands. Die Landkreise Calw, Enzkreis und Freudenstadt sowie die Stadt Pforzheim bilden zusammen die Region Nördlicher Schwarzwald, die eingebettet liegt zwischen den Metropolregionen Mittlerer Oberrhein und Stuttgart. Für dieses Buch haben wir die Grenzen etwas erweitert und ebenso die Region um Baden-Baden, das administrativ zum Mittleren Oberrhein gehört, sowie das Renchtal dazugenommen.

Bis etwa in die 1930er-Jahre wurde der Schwarzwald einfach in Nord- und Südschwarzwald unterteilt, wobei man die Grenze an der Kinzigtallinie zog. Später wurde der Schwarzwald in den waldreichen Nordschwarzwald, den im Mittel niedrigeren, vorwiegend in den Tälern landwirtschaftlich geprägten Mittleren Schwarzwald sowie den deutlich höheren Südschwarzwald mit ausgeprägter Höhenlandwirtschaft aufgeteilt.

Grün, *die* Farbe des Schwarzwalds

Klimatisch ist der Nordschwarzwald durch geringere Temperaturen und höhere Niederschläge gegenüber anderen Gebieten in Baden-Württemberg geprägt. Zu den niederschlagsreichsten Bereichen gehört unter anderem die Höhenregion um die Hornisgrinde.

Satteleihütte (Baiersbronn)

Die Temperaturen schwanken übers Jahr gesehen hinweg wenig, Extreme kommen selten vor. Gründe sind im Sommer häufig auftretende leichte Winde und eine stärkere Bewölkung. Im Winterhalbjahr führt die häufigere Hochdruckwetterlage auf den Gipfeln zu Sonnenschein, während die Täler in Kaltluftseen unter einer dichten Nebeldecke verschwinden.

1999 wütete im Schwarzwald ein Orkan und richtete großen Schaden an. Die Auswirkungen des Sturms demonstriert der Lotharpfad, ein Waldlehr- und Erlebnispfad an der Schwarzwaldhochstraße.

Die vielfältige Landschaft macht die Region so reizvoll: Berge und Täler, Flüsse und Moore – und mehr als zwei Drittel Wald. Die Hornisgrinde, der höchste Gipfel des Nordschwarzwalds, erhebt sich 1164 Meter über dem Meeresspiegel.

Der Nordschwarzwald umfasst neben dem Nationalpark Schwarzwald, dem Naturpark Schwarzwald Mitte/Nord auch das Heckengäu bei Calw im östlichen Teil der Region. Der Naturpark Schwarzwald Mitte/Nord ist der größte Naturpark in Deutschland, wo sich ein Großteil der Wälder zwischen Plättig und Alexanderschanze künftig völlig frei entwickeln darf, ohne dass der Mensch zu lenken versucht oder seinen Nutzen zieht.

Bedeutende Seen natürlichen Ursprungs im Nordschwarzwald sind der Mummelsee sowie eine Reihe weiterer kleinerer Karseen wie beispielsweise der Huzenbacher See im Murgtal. Stauseen wie die Nagoldtalsperre dienen der Stromerzeugung und dem Hochwasserschutz.

Bad Wildbad

Bekannte Städte sind die Goldstadt Pforzheim, Baden-Baden, Baiersbronn, Freudenstadt, aber auch hübsche Fachwerkorte wie Calw, Nagold oder Bad Wildbad.

Der Nordschwarzwald hat eine lange und bewegte Geschichte, die von vielen historischen Ereignissen geprägt wurde. Im Mittelalter entstanden viele Burgen und Klöster im Nordschwarzwald, die heute noch zu sehen sind, wie beispielsweise das Kloster Hirsau. Im 19. Jahrhundert erlebte die Region einen Aufschwung durch die Uhren- und Schmuckindustrie, insbesondere in der Stadt Pforzheim. Bis heute bildet die Stadt den industriellen Schwerpunkt der Region Nordschwarzwald. Weitere Schlüsselbranchen sind Präzisionstechnik, Kunststofftechnik, Medizin- und Dentaltechnik, Holzwirtschaft sowie Gesundheit und Tourismus.

Kennzeichnend für die beiden südlichen Landkreise Calw und Freudenstadt sind Unternehmen mit dem Status Weltmarktführer in den Bereichen Maschinenbau sowie der Holz- und Kunststofftechnik. Daneben dominieren Dienstleistungsunternehmen aus den Bereichen Touristik und Gesundheit mit weltweit bekannten Betrieben der gehobenen Gastronomie, beispielsweise in Baiersbronn, an der Spitze. Wesentliche strukturelle Impulse wurden in den letzten Jahren durch den Nationalpark Schwarzwald erreicht.

Trinkhalle Baden-Baden

Top 10

DER SEHENSWÜRDIGKEITEN IM NORDSCHWARZWALD

1 **Monbachschlucht:** Moospolster, die im Wasser wie Kissen erscheinen, Farne und Flechten wie aus einer anderen, verwunschenen Welt. Und erst dieses Grün, das besonders im späten Frühling in scheinbar tausend Nuancen leuchtet ... ja, die Monbachschlucht ist magisch. Wildromantisch schön. Und unter der Woche auch nicht so überlaufen.

2 **Heidelbeerdorf Enzklösterle:** Im Sommer macht das ganze Dorf blau: Wenn in den Wäldern von Enzklösterle im Juli die Heidelbeeren reifen, dreht sich alles um die köstliche blaue Waldfrucht. Eine ganze Woche lang wird im Heidelbeerdorf, wie sich Enzklösterle nennt, jedes Jahr in der zweiten Julihälfte gefeiert. Echte Heimatmomente garantiert auch der Heidelbeerweg, der rund um den Ort führt: auf engen Wurzelpfaden, durch märchenhafte Felslandschaften und durch alpin anmutende Täler und Wiesen.

3 **Kloster Hirsau:** Das ehemalige Benediktinerkloster St. Peter und Paul in Hirsau galt im 11. und 12. Jahrhundert als eines der bedeutendsten deutschen Reformklöster nördlich der Alpen und ist auch heute noch weit über die Grenzen von Calw hinaus bekannt. Die Klosterruine ist einer dieser Plätze, die etwas Magisches haben. Die Zeit wirkt angehalten, wäre da nicht die Glocke, die viertelstündlich erklingt. Inmitten der alten Gemäuer kann man an sechs Stationen diesen besonderen Lebensraum spüren. Jede Station steht bildhaft für die Sinnfragen des Lebens.

4 **Calw:** Die charmante Kleinstadtidylle von Calw, dem Geburtsort von Hermann Hesse, lockt nicht nur Kulturfans, sondern auch Naturliebhaber, Ausflügler und Urlauber, Wanderer und Radler. Die Mischung aus Stadt und Natur macht's. Der „schwarze Wald" reicht bis fast in die Stadt hinein: Am Stadtgarten startet beispielsweise der Wasser-, Wald- und Wiesenpfad – mehr Abwechslung auf einer Tour geht kaum. Cafés und Geschäfte rund um den Marktplatz laden anschließend ein, noch ein bisschen länger zu bleiben.

5 **Altensteig:** Wie bei einer Modellbahnlandschaft scheinen die Fachwerkhäuschen förmlich am Hang zu kleben. Im Frühling umrahmt von den blühenden Bäumen, an sonnigen Winternachmittagen glitzert Schnee auf den Dächern – was für eine Postkartenidylle! Im Sommer finden in der stimmungsvollen Kulisse des Schlosshofes verschiedene Vorstellungen im Open-Air-Kino statt.

6 **Huzenbacher See:** Dunkel, still und nahezu mystisch liegt im Murgtal nahe Baiersbronn der Huzenbacher See zwischen den hohen Felswänden. Ein Traum im Juni und Juli, wenn gelbe Teichrosen das Wasser des Karsees in ein Blumenmeer verwandeln. Man möchte sich kaum lösen von diesem Ort.

7 **Palais Thermal:** Ein Märchen aus 1001 Nacht – im Palais Thermal wird es wahr. Nicht nur wegen der maurisch anmutenden Architektur, die der historischen Therme einen ganz besonderen Charme verleiht. Blumenornamente an den Wänden, orientalisch verzierte Marmorsäulen, Hammam-Feeling. Bunt verglaste Jugendstil-Fenster erfüllen den Raum mit Licht- und Schattenspielen.

8 **Nagoldtalradweg:** Flussabwärts ganz relaxt dem rauschenden Wasser folgen. Steigungen? Nicht der Rede wert. Die herrliche Landschaft im Nagoldtal durchaus. Eine super entspannte E-Biketour durch den Nordschwarzwald, die selbst ausgesprochene Radmuffel in Drahtesel-Enthusiasten verwandelt.

9 **Hornisgrinde:** Bei der Hornisgrinde kommen gleich mehrere Superlative zusammen: Mit 1167 Metern ist sie der höchste Berg im Nordschwarzwald. Mit 2200 Litern Wasser pro Quadratmeter fallen hier mehr Niederschläge als sonst wo in Deutschland, von den Alpen mal abgesehen. Und an die 180 Tage im Nebel sind auch rekordverdächtig. Dabei ist das längst noch nicht alles, was die Hornisgrinde zu bieten hat. Ein Hochmoor beispielsweise, auch das eines der größten im Schwarzwald, am Südgipfel bis zu sieben Meter dick. Kurz: Traumhaft schön ist es hier oben.

10 **Baden-Baden:** Wer denkt da nicht zuerst an Belle Époque, große Oper und Bäderromantik. Reichlich Kultur, prächtige Villen und die einzigartige Lage am Rand des Schwarzwaldes ziehen seit Jahrhunderten Gäste an. Kurhaus, Kunsthalle und das weiße Schmuckstück mit der Sammlung Frieder Burdas liegen wie an einer Perlenschnur aufgereiht im Kurpark. Wunderbar flanieren lässt es sich durch die Lichtentaler Allee entlang des Flüsschens Oos.

Kurioses und Besonderheiten

IM NORDSCHWARZWALD

Im Schwarzwald wachsen nicht nur Tannen, sondern auch wunderschöne, teils historische Rosensorten aus aller Welt. Und zwar so hoch wie nirgendwo sonst hierzulande: Mehr als 2000 Rosen aus China, Persien, Äthiopien und sogar Island duften im Sommer auf Deutschlands höchstgelegenem Rosenweg in Freudenstadt.

Kurgarten Freudenstadt

✓ Freudenstadt kann gleich noch einen zweiten Superlativ für sich in Anspruch nehmen: Mit 219 mal 216 Metern ist der Marktplatz nicht nur nahezu quadratisch, sondern gilt außerdem als der größte in Deutschland. Viel Platz also für Märkte und Feste. Und wenn mal nichts los ist, laden 50 Wasserfontänen zum Verweilen ein sowie zahlreiche Cafés und Läden rund um den Marktplatz.

Der größte Marktplatz Deutschlands: Freudenstadt

✓ Im Nationalpark Schwarzwald schießen die Pilze nur so aus dem Boden, wie es sprichwörtlich heißt. Etwa 800 Pilzarten sind nachgewiesen, darunter seltene und kuriose wie die Zitronengelbe Tramete. Der leuchtend gelbe Pilz kommt nur selten vor und wächst vor allem in sehr ursprünglichen Wäldern wie beispielsweise im Nationalpark Bannwald Wilder See. Oder der Pillenwerfer, der seine Sporen durch Druckaufbau verschleudert und als das schnellste biologische Geschoss der Welt gilt.

Zitronengelbe Tramete

✓ Ist der Schwarzwald wirklich schwarz? Vor zweitausend Jahren gab es hier nur Wald, keine Hügel, keine Wiesen oder Siedlungen. „Silva nigra" (lateinisch für schwarzer Wald), nannten die Römer die Region, weil er so dunkel und undurchdringlich erschien. Und etwas unheimlich. Weshalb sie auch lieber auf der anderen Rheinseite nach Norden zogen, wie unter anderem Thermalbäder in Baden-Baden belegen.

✓ Holländer im Schwarzwald? So wurden die größten und mächtigsten Tannen genannt, deren Stämme als Mast auf den Schiffen der holländischen Schiffe dienten. Transportiert wurden sie auf Flößen, unter anderem auf der Nagold.

Perspektivwechsel

✓ Merkur, der Hausberg von Baden-Baden, bekam seinen Namen, als man auf dem Gipfel ein steinernes Abbild des Gottes Merkur fand (vorher hieß er Großer Staufen). Mercurius galt als Gott der Händler, aber auch der Diebe. Der Legende nach soll der Götterbote für finanziellen Wohlstand sorgen und für das Überbringen von Nachrichten zuständig sein. Letzteres übernimmt heute der SWR mit seinem Funkhaus in Baden-Baden.

Holz aus dem Schwarzwald war stets ein begehrter Rohstoff. Weil es lange Zeit kaum befestigte Wege gab, transportierte man die Stämme auf dem Wasser, so entstand auch der Beruf des Flößers. Sie banden die Baumstämme zum Transport zusammen zu sogenannten Langflößen: bis zu 600 Meter lang. Die Herausforderung so ein Floß zu steuern, bestand unter anderem darin, an engen Stellen im Fluss ein Verkeilen der bis zu zehn Gestöre zu verhindern, von denen jedes aus jeweils vier zusammengebundenen Stämmen bestand. Nur so konnten große Holzmengen (bis zu 200 Tannenstämme) mit wenig Personal auf dem Wasser bis zum Rhein befördert werden. Von dort ging es weiter bis nach Rotterdam, wo die Stämme zu Schiffsmasten verarbeitet wurden. Heute wird die historische Anlage der Monhardter Wasserstube von der Flößerzunft Oberes Nagoldtal regelmäßig zu Schauvorführungen betrieben. Die Besichtigung ist ansonsten nur im Rahmen einer Führung möglich.

Nördlicher Schwarzwald: Heimat der Flößer

SCHWEDEN
DÄNEMARK
Ostsee
Nordsee
Kiel
SCHLESWIG-
HOLSTEIN
MECKLENBURG-
VORPOMMERN
HAMBURG
Schwerin
BREMEN
BRANDENBURG
POLEN
NIEDERSACHSEN
BERLIN
Hannover
Potsdam
Magdeburg
NORDRHEIN-
WESTFALEN
SACHSEN-
ANHALT
Düsseldorf
SACHSEN
Dresden
Erfurt
THÜRINGEN
HESSEN
RHEINLAND-
PFALZ
Wiesbaden
Mainz
TSCHECHIEN
SAARLAND
BAYERN
Stuttgart
FRANKREICH
BADEN-
WÜRTTEMBERG
München
ÖSTERREICH
SCHWEIZ

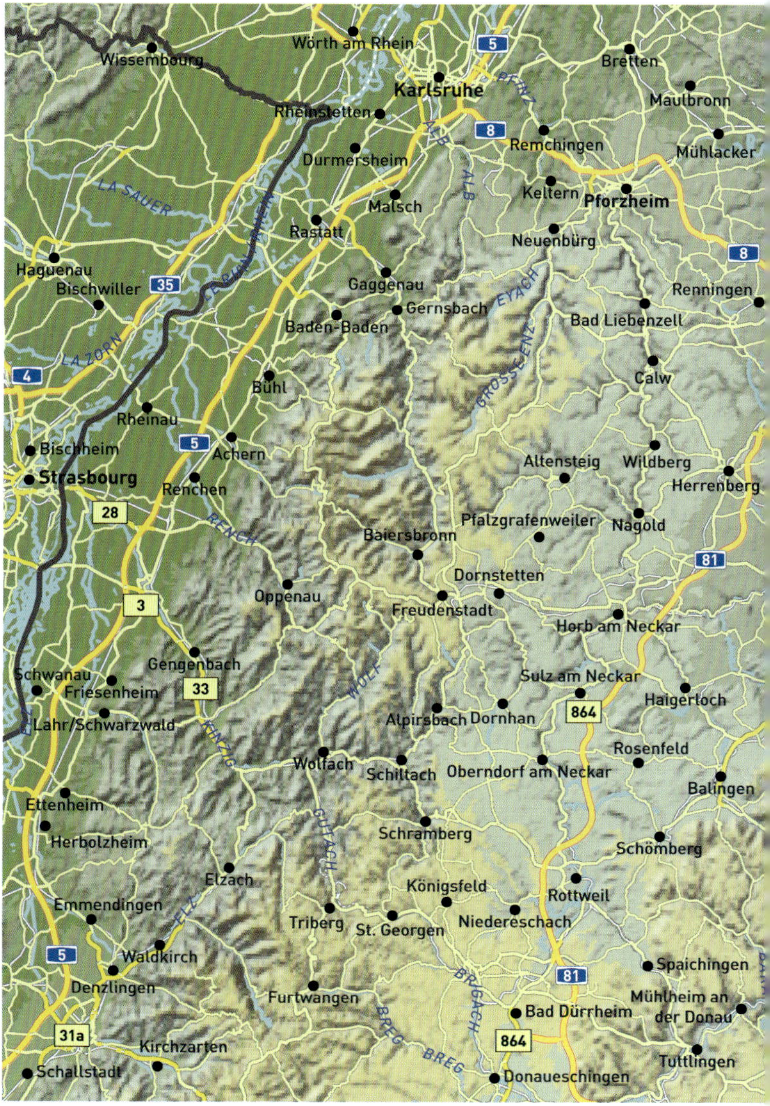
Wörth am Rhein
Wissembourg
Karlsruhe
5
Bretten
Maulbronn
Rheinstetten
PFINZ
8
Remchingen
Mühlacker
Durmersheim
ALB
LA SAUER
Keltern
Pforzheim
Malsch
ALB
Rastatt
Neuenbürg
8
Haguenau
Bischwiller
35
Gaggenau
Gernsbach
EYACH
Renningen
Baden-Baden
Bad Liebenzell
LA ZORN
4
Bühl
Calw
GROSSE ENZ
Rheinau
5
Achern
Bischheim
Strasbourg
Renchen
Altensteig
Wildberg
Herrenberg
28
RENCH
Pfalzgrafenweiler
Nagold
Baiersbronn
81
Dornstetten
Oppenau
Freudenstadt
Horb am Neckar
3
Gengenbach
Sulz am Neckar
Schwanau
Friesenheim
33
Haigerloch
WOLF
Alpirsbach
Dornhan
864
Lahr/Schwarzwald
KINZIG
Rosenfeld
Wolfach
Schiltach
Oberndorf am Neckar
Balingen
Ettenheim
Herbolzheim
Schramberg
Schömberg
GUTACH
Elzach
Königsfeld
Rottweil
Emmendingen
Triberg
St. Georgen
Niedereschach
ELZ
5
Waldkirch
Spaichingen
81
Denzlingen
BRIGACH
Furtwangen
Mühlheim an der Donau
Bad Dürrheim
31a
BREG
864
Kirchzarten
BREG
Schallstadt
Donaueschingen
Tuttlingen

Der Norden

Himmelsglück-Turm in Schömberg

Der Norden

1. Pforzheim: Goldstadt mit versteckten Kleinoden
2. Gasometer Pforzheim: Einblicke in Geschichte oder Natur
3. Wildlife in Pforzheim: tolles Ausflugsziel für Familien
4. Pforzheim: drei Burgen, ein Weg
5. Schloss Ettlingen: Altersruhesitz mit barocken Gärten
6. Dobel: Es klappert die Mühle am rauschenden Bach
7. Schömberg-Bieselsberg: übernachten im Tiny-Haus
8. Schwarzwälder Kirschtorte: Tortentraum mit Kultstatus
9. Himmelsglück in Schömberg: Abenteuer mit Aussicht
10. Tälerrunde: mit dem Rad an Enz und Nagold
11. Paracelsus-Therme Bad Liebenzell: pure Erholung
12. Unter Tage: Heilstollen im ehemaligen Bergwerk
13. Enzklösterle: blaues Gold

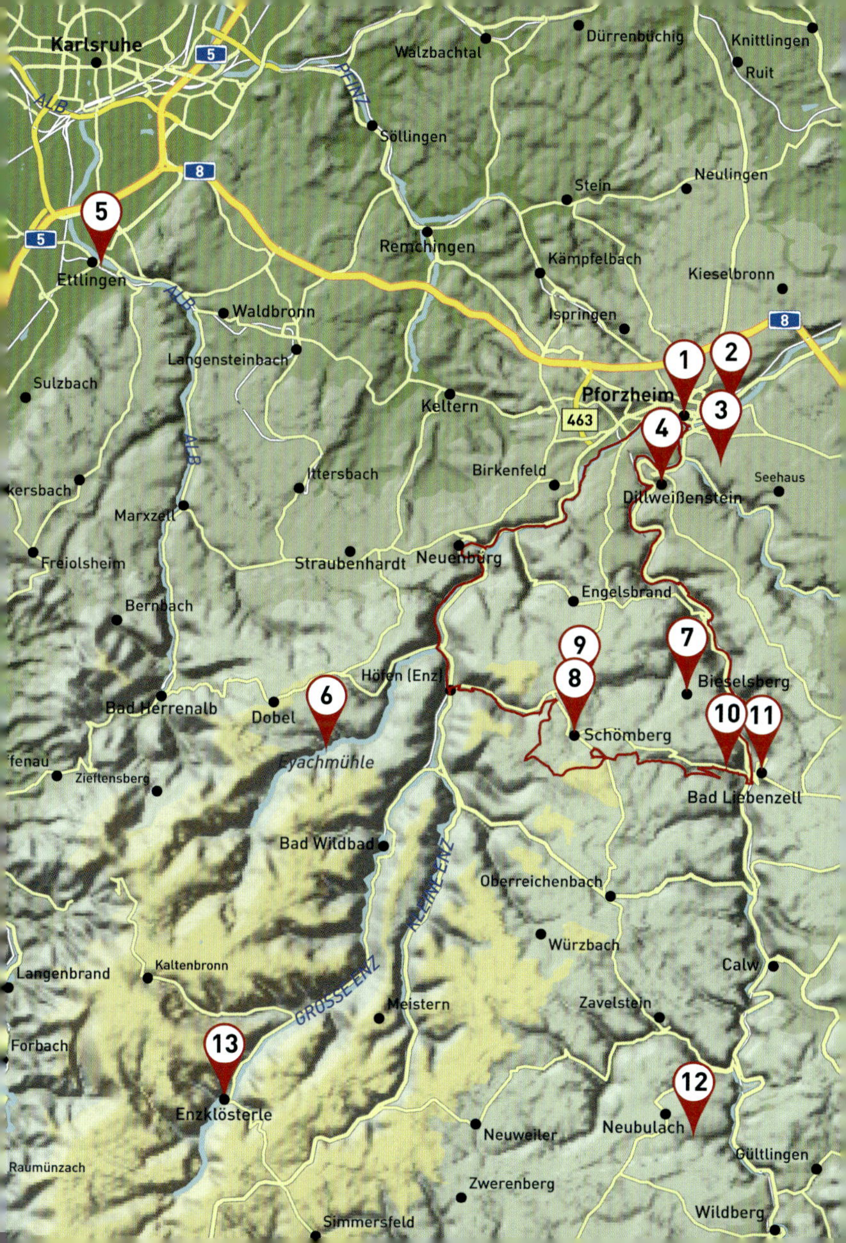

Karlsruhe
5
Walzbachtal
Dürrenbüchig
Knittlingen
Ruit
ALB
PFINZ
Söllingen
8
Stein
Neulingen
5
Remchingen
Kämpfelbach
Kieselbronn
Ettlingen
ALB
Waldbronn
Ispringen
8
Langensteinbach
1
2
Sulzbach
Keltern
Pforzheim
463
3
4
ALB
Birkenfeld
Seehaus
Ittersbach
Dillweißenstein
kersbach
Marxzell
Freiolsheim
Straubenhardt
Neuenbürg
Engelsbrand
Bernbach
9
7
8
Höfen (Enz)
Bieselsberg
6
Bad Herrenalb
Dobel
10
11
Schömberg
ffenau
Eyachmühle
Zieflensberg
Bad Liebenzell
Bad Wildbad
Oberreichenbach
KLEINE ENZ
Würzbach
Calw
Langenbrand
Kaltenbronn
GROSSE ENZ
Meistern
Zavelstein
Forbach
13
12
Enzklösterle
Neubulach
Neuweiler
Gültlingen
Raumünzach
Zwerenberg
Simmersfeld
Wildberg

1 Pforzheim

GOLDSTADT MIT VERSTECKTEN KLEINODEN

Die Großstadt merkt man Pforzheim nicht an, hier ist es weder laut noch schrill noch besonders bunt. Es ist auch sonst so keine Liebe auf den ersten Blick. Na und?

Wer sich die Zeit nimmt, entdeckt eine eher verborgene Schönheit. Zum Beispiel drei Flüsse, die hier zusammentreffen: Enz, Nagold und Würm. An allen drei Ufern kann man herrliche Radtouren unternehmen in die jeweiligen Täler. In Pforzheim starten außerdem zwei wunderbare Fernwanderwege, die den Schwarzwald von Nord nach Süd durchqueren – der Ostweg und der Westweg. Doch so weit muss man gar nicht gehen. Mitten in der Stadt gibt es einen Rundweg, der gleich drei Burgen einschließt und genauso heißt (siehe Tipp 4).

Der Wildpark auf dem Hagenschieß im Stadtwald ist nicht nur für Familien ein beliebtes Ausflugsziel zu jeder Jahreszeit. Es gibt einen Streichelzoo, einen kleinen Bauernhof, Spielplätze und die Möglichkeit, Tiere zu füttern. Für etwas mehr Nervenkitzel sorgt der Waldklettergarten nebenan. Pforzheims Innenstadt lädt ein mit hübschen Cafés und Restaurants rund um den Marktplatz, einer Weinbar und einem Eiscafé direkt am Wasser.

Wasserreich: drei Flüsse treffen sich in Pforzheim

Bauernhofidylle im Wildpark Pforzheim

Goldstadt wird Pforzheim genannt. Von der ersten Taschenuhrenfabrik am Enzufer aus entwickelte sich Mitte des 18. Jahrhunderts eine ganze Uhren- und Schmuckindustrie. In der Blütezeit kamen 98 Prozent der weltweiten Schmuckproduktion aus Pforzheim. Bis heute werden viele Goldschmiede und Uhrenhandwerker in Pforzheim ausgebildet. Im Schmuckmuseum im Reuchlinhaus kann man diese Entwicklung anschaulich nachvollziehen und einzigartiges Kunsthandwerk aus fünf Jahrtausenden bestaunen.

Pforzheim

Ganz andere Kunst gibt es im Gasometer zu sehen – ein atemberaubendes 360-Grad-Panorama des Künstlers Yadegar Asisi (siehe Tipp 2). Von einem 15 Meter hohen Besucherturm hat man die beste Aussicht auf das Rundumbild. Nach dem berühmten Great Barrier-Korallenriff mit all seiner Vielfalt taucht man ab 2023 in das Pergamon der Antike ein.

Mit historischer Architektur kann Pforzheim in echt kaum aufwarten, die meisten Gebäude stammen aus der Zeit nach dem Zweiten Weltkrieg. Aus einem ganz einfachen Grund: Im Februar 1945 wurde bei einem Luftangriff der Alliierten innerhalb von wenigen Minuten fast die komplette Stadt zerstört, 98 Prozent der Häuser lagen in Schutt und Asche.

Lage: Pforzheim ist eine Großstadt am Nordrand des Schwarzwalds am Zusammenfluss von Enz, Nagold und Würm.

Website: *stadt-land-enz.de*

Info

2 Gasometer Pforzheim

EINBLICKE IN GESCHICHTE ODER NATUR

Expeditionen ins antike Rom oder in die zauberhafte Unterwasserwelt vor Australien – im Gasometer Pforzheim mit seinem 360°-Panorama ermöglicht der Künstler Yadegar Asisi Einblicke in die Geschichte oder in einen idealisierten Naturraum, die so an einem Ort zur selben Zeit nicht möglich wären – ein ganz besonderes Kunsterlebnis.

Mal eben durch Pergamon im Jahr 129 n. Chr. spazieren? Das geht in Pforzheim. Nach dem Great Barrier Reef, dem größten Korallenriff der Welt, das mehrere Jahre lang im Gasometer zu sehen war, kann man in der größten Stadt im Nordschwarzwald nun das antike Pergamon bestaunen. Eingebettet in die Terrassen auf dem Burgberg, fügen sich monumentale Bauwerke mit prächtigen Tempeln und einem Theater in die hügelige Landschaft nahe der Westküste der heutigen Türkei ein.

Im Maßstab 1:1 zeigt ein 360°-Panorama die römische Zeit unter Kaiser Hadrian, der gerade Pergamon besucht. Seine Ankunft fällt zusammen mit ausschweifenden Festspielen zu Ehren des Gottes Dionysos, in den Straßen feiern die Menschen, vor dem weltberühmten Pergamonaltar findet ein Opferkult statt. Detaillierte Szenen geben Einblick in die unterschiedlichen Gesellschaftsschichten und das pulsierende Alltagsleben der Metropole vor nahezu 2000 Jahren.

Im Inneren des Gasometers warten einzigartige Eindrücke

Die hat der Berliner Künstler Yadegar Asisi in jahrelanger Arbeit eingefangen und in den Nordschwarzwald gebracht. Der Gasometer Pforzheim ist eines der Top-Ausflugsziele in der Goldstadt. Seit 2014 zeigt das sanierte Industriedenkmal die riesigen Rundum-Panoramen von Asisi, zuerst das Rom des Jahres 312 und anschließend einen faszinierenden Rundblick im Great Barrier Reef in verschiedenen Farbschattierungen von Azur, Grün und Blau – und aktuell das Leben in Pergamon. Dass man diese Vielfalt überhaupt an einem Ort wahrnehmen kann, liegt an der künstlerischen Verdichtung zu einem Idealbild.

Das Panoramabild ist 110 Meter breit und 35 Meter hoch und wurde eigens für den Gasometer Pforzheim angefertigt. Alle 15 Minuten wechseln Tag und Nacht, durch die Brechung des Sonnenlichts wechselt die Stimmung der Szene. Besonders schön zu sehen ist dieses Schauspiel von der obersten Besucherplattform im Gasometer. Begleitet wird das Spektakel durch sphärische Musik, die eigens für Asisis Werk komponiert wurde.

Gebaut wurde der Gasometer im Jahr 1912 und diente fast hundert Jahre lang als Ausgleichsbehälter der Gasversorgung in Pforzheim. Er konnte 40.000 Kubikmeter Gas fassen und gehört

Gasometer Pforzheim

heute landesweit zu den letzten erhaltenen Glockengasbehältern. Während die Stadt Pforzheim im Zweiten Weltkrieg nahezu vollständig zerstört wurde, überstand der Gasometer den Bombenhagel und ist bis heute weithin sichtbar. Der Stahlzylinder misst 42 Meter in der Höhe und 40 Meter im Durchmesser.

Adresse: Hohwiesenweg 6 (im Enzauenpark), 75175 Pforzheim.

Website: *www.gasometer-pforzheim.de*

Info

3 Wildlife in Pforzheim

TOLLES AUSFLUGSZIEL FÜR FAMILIEN

Im Wildpark Pforzheim im Hagenschieß-Wald oberhalb der Stadt leben mehr als 400 Wildtiere, die sich aus nächster Nähe beobachten und zum Teil auch füttern lassen.

Steinböcke im Wildpark Pforzheim

Als ob sie auf das Publikum gewartet haben: Kaum bleiben ein paar Besucher vor dem Gehege stehen, starten die Steinböcke ihr Programm. Klettern mit spielerischer Leichtigkeit den Fels rauf, springen über die Klippen, spielen Fangen. Nur ein alter Steinbock mit beeindruckenden Hörnern und etwas beißendem Odeur schaut sich das Ganze etwas gelangweilt von Weitem an, trabt schließlich gemächlich zur Tränke. Die Kleinsten der grandiosen Kletterer dagegen sprühen fast vor Übermut und man fürchtet, dass sie abstürzen. Tun sie selbstverständlich nicht, unwegsames Gelände ist das natürliche Revier von Steinböcken. Im Wildpark Pforzheim lassen sie sich zusammen mit anderen heimischen Wildtieren beobachten.

Was guckst du?

Hirsche, Wildscheine, Esel, Eulen, Wildpferde, Fischotter, Rentiere, aber auch Wisente, Elche und Lamas fanden im Wald am Rand von Pforzheim ein Zuhause. Wer viel Glück hat, kann vielleicht auch den scheuen Luchs erspähen, der sich im Nordschwarzwald auch in freier Wildbahn seit ein paar Jahren wieder gelegentlich hat blicken lassen.

Wildkatze

Waldrapp

Besonders für Familien ist der Besuch des Pforzheimer Wildparks ein Erlebnis. Nicht nur Streichelzoo und der Kinder-Bauernhof begeistern die Kleinen, die viele Tiere auch füttern dürfen. Geeignetes Futter kann man am Eingang vom Wildpark kaufen. Mehrmals in der Woche finden Schaufütterungen statt, beispielsweise beim Luchs oder Fischotter. Informationstafeln vermitteln Wissenswertes zu den Tieren und wer möchte, kann Tierpate werden und so dazu beitragen, dass der Wildpark kommenden Generationen erhalten werden kann.

Ausflugsziel für Familien: Wildpark Pforzheim

Der Wildpark Pforzheim wurde 1968 gegründet. Auf einer Fläche von 16,5 Hektar leben rund 70 Arten mit mehr als 400 Säugetieren, Fischen und Vögeln. Für Kinder gibt es zahlreiche Angebote (Waldklettergarten, Streichelzoo, Kinderbauernhof, zwei Spielplätze). In der Naturbildungsstätte, dem Ewald-Steinle-Haus, das sich auf dem Gelände des Wildparks befindet, finden regelmäßig Ausstellungen und Workshops statt. Einkehren kann man im Wildparkstüble-Kiosk am Eingang oder im nahe gelegenen Seehaus mit Biergarten.

Direkt am Wildpark Pforzheim gibt es einen Baumlehrpfad, einen Klettergarten sowie einen Naturerlebnisgarten. In Pforzheim lohnt sich der Besuch des Gasometers mit seinen beeindruckenden Panoramabildern (siehe Tipp 2) oder ein Spaziergang durch die Innenstadt entlang der Enz.

Lieber wandern? Der Drei-Burgen-Weg in Pforzheim ist ein echter Schwarzwald-Geheimtipp (siehe Tipp 4).

Info

Lage: am südöstlichen Stadtrand von Pforzheim.

Adresse: Wildpark Pforzheim, Tiefenbronner Straße 100, 75175 Pforzheim

Website: *pforzheim.de/freizeit/wildpark-pforzheim*

4 Pforzheim

DREI BURGEN, EIN WEG

Der Drei-Burgen-Weg in Pforzheim folgt dem kleinen Schwarzwald-fluss Nagold zu den mystischen Burgruinen Hoheneck, Kräheneck und Rabeneck – eine kleine Zeitreise.

Die Burg Rabeneck im Ortsteil Dillweißenstein war eine mittelalterliche Niederadelsburg. Diese Burg riegelte einst den Umlaufberg der Nagold zum „Hinteren Tal" ab. Später wurde sie als Steinbruch zweckentfremdet. Um 1860 erwarb der badische Staat die Ruine, um sie als Baudenkmal zu retten. Erhalten blieben die Reste der Wehrmauern der Kernburg, der Burgkeller sowie davor zwei terrassenartig abgestufte Zwingermauern. Das ursprüngliche Burgtor lag im Westen an der heutigen Belremstraße. Die adligen Herren von Weißenstein sind erstmals im Jahre 1240 in einer Urkunde erwähnt. Die Adelsfamilie starb um 1300 aus. Mit ihr verbindet sich die im örtlichen Brauchtum bis heute lebendige Sage vom „Ritter Belrem". Die volkstümliche Namensbezeichnung der Burgruine als „Rabeneck" geht auf das 19. Jahrhundert zurück, sie ersetzte den historisch bezeugten Namen „Weißenstein". 1958 wurde eine Jugendherberge in den Burghof eingebaut. An ihre Stelle trat 1997 das heutige Gebäude der Jugendherberge „Rabeneck".

Burg Rabeneck

Die Festung beherbergt auch ein Restaurant, das traditionelle deutsche Küche serviert und einen Blick auf die umliegende Landschaft bietet. Darüber hinaus wird die Festung als Veranstaltungsort für verschiedene kulturelle Veranstaltungen wie Konzerte und Theateraufführungen genutzt.

Die mittelalterliche Burg Hoheneck wurde um 1100 erbaut und nach etwa 150 Jahren wieder aufgegeben. Der Burgplatz auf dem Grat des Hämmerlesbergs bildet ein Rechteck mit ca. 25 mal 60 Meter Seitenlänge. An beiden Schmalseiten begrenzen tiefe Gräben die Wehranlage. Die adligen Herren von „Creginecka" oder „Kräheneck" werden erstmals 1037 und letztmals 1194 erwähnt. Ihre Nachfolger waren die Herren von Weißenstein. Zu vermuten ist ein Zusammenhang zwischen der Burg und dem Bergbaurevier am Erzkopf. Die volkstümliche Namensbezeichnung der Burgruine als „Hoheneck" geht auf das 19. Jahrhundert zurück. Sie ersetzte den vorher bezeugten Namen „Kräheneck".

Die Burg Kräheneck diente als Wehranlage des Weißensteiner Schlossbergs im 13. oder 14. Jahrhundert und besteht aus einer ungefähr zehn Meter hohen Schildmauer aus Sandsteinquadern. Davor ist ein breiter Graben eingeschnitten. Das genaue Alter der mittelalterlichen Schildmauer ist unbestimmt, urkundliche Nachweise dazu fehlen. Wahrscheinlich handelt es sich um ein Vorwerk zum Schutz der unterhalb gelegenen Burg „Rabeneck". Die volkstümliche Namensbezeichnung als „Kräheneck" geht auf

Nagold bei Dillweißenstein

das 19. Jahrhundert zurück und ist mittelalterlich nicht bezeugt. 1928 wurde vor der Schildmauer eine Freilichtbühne für die „Burgfestspiele Kräheneck" eingerichtet.

Der Drei-Burgen-Weg folgt der Nagold und schlängelt sich durch das romantische Dillweißenstein mit seinen alten Fachwerkhäusern und kommt vorbei an kleinen liebevoll gepflegten Gartenanlagen, führt aber auch über kleine Waldpfade. Die Tour ist perfekt für Kulturinteressierte.

Info

Lage: Pforzheim, Ortsteil Dillweißenstein

Wanderung: 6,5 Kilometer, Markierung: blaue Burg auf weißem Grund

Websites:

- *pforzheim.de*
- *schwarzwald-tourismus.info/touren/drei-burgen-weg-0c3cafe29f*

5 Schloss Ettlingen

ALTERSRUHESITZ MIT BAROCKEN GÄRTEN

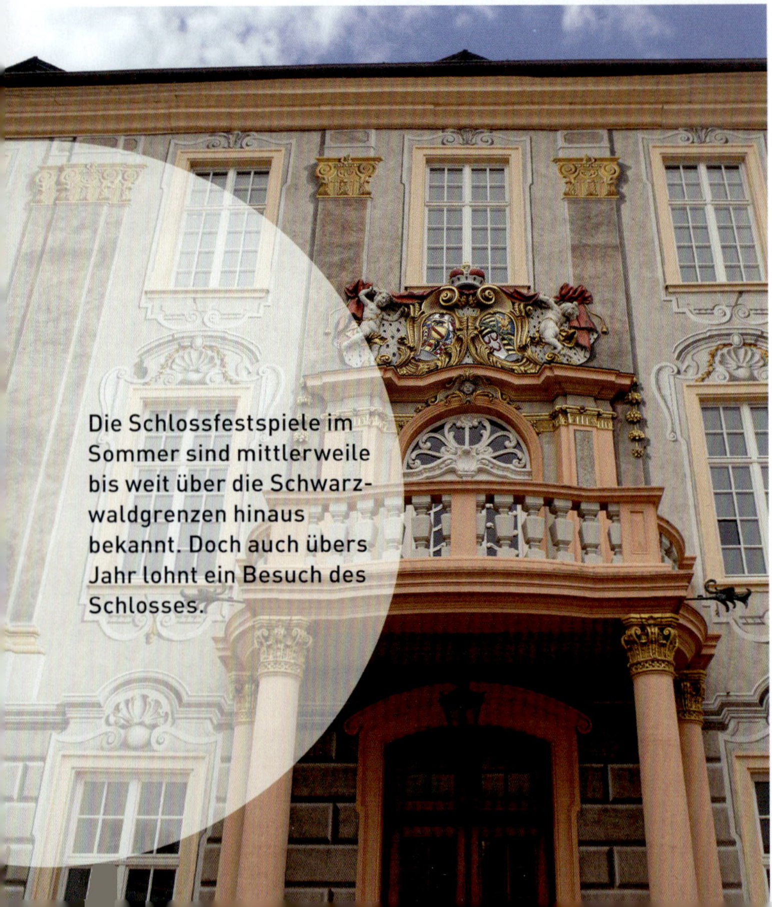

Die Schlossfestspiele im Sommer sind mittlerweile bis weit über die Schwarzwaldgrenzen hinaus bekannt. Doch auch übers Jahr lohnt ein Besuch des Schlosses.

Schloss Ettlingen

Die Geschichte des Ettlinger Schlosses reicht bis in das 13. Jahrhundert zurück – von der mittelalterlichen Burg bis zum Wiederaufbau im Barock durch die Markgräfin Sibylla Augusta. Der Bau einer Burg war notwendig, nachdem Ettlingen durch Kaiser Heinrich VI. zur Stadt erhoben wurde. Der heute noch erhaltene Bergfried stammt aus der Zeit des weiteren Ausbaus der Burg durch die Markgrafen von Baden, nachdem diese 1219 in den Besitz der Stadt kamen. Später sollte ein repräsentatives Renaissanceschloss die Macht der badischen Markgrafen repräsentieren, dieses brannte jedoch im Pfälzischen Erbfolgekrieg ab.

Markgräfin Sibylla Augusta, Witwe des Markgrafen Ludwig Wilhelm von Baden, ließ die Ruine als Altersruhesitz wieder aufbauen. Das barocke Schloss Ettlingen aus dem 18. Jahrhundert ist für seine kunstvolle Architektur und seine schönen Gärten

Wappen am Schloss

bekannt. Der Palast und seine Gärten können besichtigt werden und die Besucher können auch die Sammlung historischer Möbel und Kunstwerke im Palast sehen.

Nach verschiedener Nutzung, unter anderem als Gästehaus und Lazarett, gehört Schloss Ettlingen heute der Stadt und beherbergt das Ettlinger Museum, das Stadt- und Schlossgeschichte mit der Städtischen Galerie und Kulturprogrammen unter einem Dach vereint.

Weithin bekannt sind die Schlossfestspiele Ettlingen, mit Schauspielaufführungen, Musicals und Kinderstücken im barocken Schlosshof, die seit 1979 von Juni bis August im Innenhof des Ettlinger Schlosses stattfinden. Von „Romeo und Julia", „Ein Sommernachtstraum" bis hin zu „Schwanensee" oder „Der Freischütz" reicht das Programmrepertoire mit rund hundert Aufführungen. Die Schlossfestspiele sind in den Sommermonaten das Highlight des Ettlinger Kulturprogramms und bei Einheimischen wie auch bei Touristen äußerst beliebt.

Ettlingen

Lage: Ettlingen liegt etwa zehn Kilometer südlich von Karlsruhe.

Adresse: Schlossplatz 3, 76275 Ettlingen

Website: *ettlingen.de/erleben/sehenswuerdigkeiten/schloss*

Info

6 Dobel

ES KLAPPERT DIE MÜHLE AM RAUSCHENDEN BACH

In der historischen Eyachmühle in der Nähe von Bad Liebenzell im Nordschwarzwald geht es kaum frischer: Nicht nur die berühmte Schwarzwaldforelle schwimmt noch putzmunter in der hauseigenen Fischzucht nebenan.

Gasthaus Zur alten Mühle

Die Mühle ist eine der besten Adressen für alle, die gerne Fisch essen. Forelle, Saibling, gedünstet, gebraten oder blau – egal, wie man sich entscheidet, es schmeckt hervorragend. Auch das gemütliche Ambiente lässt keine Wünsche offen. Im Sommer lädt die Terrasse zum Schlemmen neben dem großen Mühlrad ein, das noch immer seine Runden dreht.

Genuss für Fischliebhaber

Wer möchte, kann vor oder nach dem Essen einen kleinen Spaziergang zur Fisch-

Eyach, ein Seitenarm der Enz

zucht Zobel unternehmen oder frischen Fisch direkt ab Hof kaufen, der in der Region als Delikatesse gilt. Auch für Familien ist die Fischzucht Zobel ein tolles Ausflugsziel mit unterhaltsamen und lehrreichen Erlebnissen wie beispielsweise Angeln oder Fütterungen.

Wer will, kann selbst fischen

Die Mühle befindet sich am Fluss Eyach, einem Seitenarm der Enz, und wurde als „Yach" im 12. Jahrhundert erstmals erwähnt. Rund um die Mühle entstand im Laufe der Jahr-

hunderte eine Ansiedlung mit weiteren Mühlen, zum Beispiel die Dobler Dorfsägemühle. Auch die Wasserkraft der Eyach wurde bis zum Ende des 19. Jahrhunderts genutzt. Im Jahr 1894 wurde die Eyachmühle zum Gasthaus umgebaut. Seitdem ist sie ein beliebtes Ausflugsziel und eignet sich hervorragend als Startpunkt für eine Vielzahl von Wanderungen und Radtouren entlang des Flusses.

Info

Lage: ca. 15 Kilometer südwestlich von Pforzheim

Adresse: Eyachmühle 14, 75335 Dobel

Website: *eyachmuehle.com*

7 Schömberg-Bieselsberg

ÜBERNACHTEN IM TINY-HAUS

Wer mal so richtig Landleben pur ausprobieren möchte, kann dies in Bieselsberg in einem der zwei Minihäuschen, die auf einer Wiese hinter der Dorfscheune stehen. Nachhaltig, gebaut aus heimischem Holz, ohne Plastik. Eingerichtet mit hohem Kuschelfaktor.

Auf den 22 Quadratmetern findet sich dennoch genug Platz zum Wohlfühlen. Das Sofa lässt sich mit wenigen Handgriffen zum Doppelbett umbauen. Abenteuerfeeling verspricht das Bett auf der Empore, welches man über eine Leiter erreicht. Die Aussicht: grandios! Das riesige Fenster an der schmalen Seite gibt den Blick frei auf die idyllische Landschaft im Nordschwarzwald.

Außen wurde haltbares Lärchenholz verbaut. Durch seine Harze und Gerbstoffe ist diese Holzart besonders resistent gegenüber Fäulnis und Insektenbefall und bekommt im Lauf der Zeit eine silbergraue Patina. Für den Innenausbau wurde Fichten- und Tannenholz verwendet, das vor allem im Sonnenlicht einen leicht honigfarbenen Ton annimmt.

Klein, aber gemütlich: übernachten im Tiny-Haus

Auf Komfort muss keiner verzichten. Etwas Stauraum, Leselicht und ein Kühlschrank für die persönliche Verpflegung sind vorhanden, außerdem ein Klapptisch und Sitzwürfel. Die Tiny-Häuser können beheizt werden und Bäder mit Dusche sowie eine Küche mit einem großen Eichentisch befinden sich nur wenige Schritte entfernt in der ehemaligen Dorfscheune, wo auch ein Veranstaltungsraum für bis zu 60 Personen ist. Die historische Löwenscheuer wurde behutsam renoviert, um naturnahe Ferien zu ermöglichen. Kinder haben viel Platz zum Toben, es gibt einen Sandkasten, ein Weidentipi und sogar eine kleine Matschküche.

Eine kleine Terrasse mit Bauerngarten gehört ebenfalls zum Landdomizil auf Zeit. Frische Kräuter, Salat und Gemüse und Obst dürfen die Gäste je nach Jahreszeit auf dem Gelände und dem benachbarten Selbstversorgerhof selbst ernten.

Was man sonst noch erleben kann: Lagerfeuer, Sonnenuntergänge und dank der geringen Lichtverschmutzung rund um Schömberg einen klaren Sternenhimmel.

Tiny-Häuser in Bieselsberg

Info

Lage: Schömberg (staatlich anerkannter Heilklimatischer Kurort sowie Kneippkurort) liegt im Landkreis Calw. Die Tiny-Häuser befinden sich im Ortsteil Bieselsberg.

Adresse: Friedenstraße 29,
75328 Schömberg-Bieselsberg

Website: *die-dorfscheune.de/holzhaeuschen.html*

8 Schwarzwälder Kirschtorte

TORTENTRAUM MIT KULTSTATUS

Weiß wie Schnee, schwarz wie Ebenholz und rot wie Blut. Schneewittchen? Nö. Original Schwarzwälder Kirschtorte. Der Klassiker im Schwarzwald. Nur echt mit knusprig dünnem Mürbeteigboden, der mit Kirschwasser (natürlich aus dem Schwarzwald!) getränkt wird, saftigem Schokoladen-Biskuit, Sauerkirschen und viel Schlagsahne. Wer kann da schon widerstehen?

Was auf den ersten Blick aussieht wie eben eine Sahnetorte, erfordert viel Geschick und Übung. Jürgen Seibold vom Café Talblick backt seit 30 Jahren die Kulttorte aus dem Schwarzwald – mehrfach gewannen seine Kreationen die Goldmedaille beim landesweiten Wettbewerb um die beste Schwarzwälder Kirschtorte. Etwa 50 Torten verlassen pro Woche seine Backstube. Die Zutaten kommen aus der Region: das Mehl von der Kapfenhardter Mühle im Nordschwarzwald, das Kirschwasser von einem Brenner aus Oberkirch, die Eier vom Bauernhof.

Ganze 18 Zentimeter hoch ist das Sahnestück, anderthalb Liter Sahne und ein Viertelliter 45-prozentiges Schwarzwald-Kirschwasser aus der Ortenau verleihen der Torte ihren einzigartigen Geschmack. Und so wird die Schwarzwälder Kirschtorte gemacht: Auf einen Keksboden, damit nichts durchweicht, stapeln sich bei Meister Seibold ein heller Biskuitboden und drei dunkle. Der knusprige Keks wird mit Aprikosenmarmelade bestrichen, zwi-

Erfordert viel Übung: Schwarzwälder Kirschtorte

Nur echt mit Schwarzwälder Kirschwasser

schen die ordentlich getränkten Biskuitböden kommen eingedickte Kirschen und schließlich Schlagsahne, mit der dann auch das Äußere der Torte bestrichen und dekoriert wird. Wer es selbst mal probieren möchte: In seinem Café Talblick bietet Jürgen Seibold Schwarzwälder-Kirschtorten-Backkurse an.

Auch wenn es die Schwarzwälder wahrscheinlich nicht gern hören: Erfunden wurde die Schwarzwälder Kirsch-

Ein Kunstwerk aus dem Schwarzwald: Kirschtorte

Richtig lecker: die Kulttorte aus dem Schwarzwald

torte vor knapp hundert Jahren verschiedenen Quellen zufolge in Schwaben. Ein junger Bäcker aus Riedlingen kreierte für seine Meisterprüfung 1934 eine solche Torte, die als Vorläufer der heutigen gilt. Bis dahin war die Kombination Kirschen, Sahne und Kirschwasser zwar im Schwarzwald schon länger bekannt, aber nur als Dessert, nicht in Form einer Torte. Das handgeschriebene Originalrezept aus dem Jahr 1927 ist übrigens im Schwarzwälder Freilichtmuseum Vogtsbauernhof ausgestellt.

Info

Lage: Schömberg liegt im Landkreis Calw, etwa 15 Kilometer nordwestlich der Kreisstadt.

Adresse: Konditorei und Café Talblick, Liebenzeller Straße 25, 75328 Schömberg

Website: *wellness-talblick.de/de*

9 Himmelsglück in Schömberg

ABENTEUER MIT AUSSICHT

Eine der neuesten Attraktionen im Nordschwarzwald ist der Aussichtsturm „Himmelsglück" in Schömberg, der schnell zu einem beliebten Ausflugsziel in der Region wurde. Der Turm befindet sich auf einem Hügel oberhalb des Ortes und bietet neben einer atemberaubenden Aussicht auf die Umgebung auch einen Waldflug mit Flyline und Flying Fox.

Ausblick vom Himmelsglück-Turm

Bis zum „Himmelsglück" sind es 300 Stufen. Von der obersten der drei Plattformen kann man in 50 Meter Höhe ein grandioses 360-Grad-Panorama genießen – über den Schwarzwald bis weit auf die Schwäbische Alb mit der Burg Hohenzollern, den Stuttgarter Fernsehturm und bei gutem Wetter bis zu den Vogesen. Perfekt für Wanderer und Naturliebhaber, die die Schönheit der Region mal aus einer neuen Perspektive genießen möchten. Der Himmelsglück-Turm ist besonders bei Sonnenuntergang ein beliebter Ort, um die spektakulären Farben am Himmel zu beobachten.

Weitblick über den Nordschwarzwald

Bequemer geht es mit dem Panorama-Aufzug hinauf. Für den Weg nach unten stehen dann zwei Optionen zur Wahl: entweder mit der Black Forest Flyline, eine Art horizontaler Sessellift, in Höhe der Baumkronen gemütlich durch den Wald schweben oder mit einem extra Adrenalinkick im Flying Fox – wie ein Vogel Kopf voraus – hinunter in den Kurpark von Schömberg rauschen.

Gemütlich über die Baumwipfel schweben mit der Flyline

Himmelsglück Aussichtsturm Schömberg

In der Umgebung gibt es viele Wanderwege und Radwege, die zum Entdecken der Region einladen. Einer davon ist der Zollernblickweg, der direkt am Himmelsglück-Turm vorbeiführt, eine gemütliche Premium-Wanderung durch duftenden Tannenwald. Los geht es am Schützenhaus in Oberlengenhardt, dem kleinsten Ortsteil von Schömberg. Idyllisch führt ein schmaler Weg ein paar hundert Meter durch ein märchenhaft schönes Wäldchen. Später passiert man eine Wiese, die im Sommer voller Wildblumen steht. Durch dichten Tannenwald, über Wurzeln und verschlungene Pfade kommt man zur Lichtung mit dem Highlight der Wanderung auf dem Zollernblickweg – dem Himmelsglück-Aussichtsturm aus Schwarzwälder-Weißtanne. Weiter führt der Weg zum Aussichtspunkt, der der Wanderung ihren Namen gibt: die Zollernalb. Himmelsliegen und Bänke laden zum Picknicken und Entspannen am Waldrand ein. Über einen Forstweg geht es schließlich wieder zurück zum Wanderparkplatz Schützenhaus.

Info

Lage: etwas außerhalb von Schömberg

Adresse: Aussichtsturm Himmelsglück, Schwarzwaldstraße, 75328 Schömberg

Websites:

- *schoemberg.de*
- *schoemberg.de/naturerlebnis/himmelsglueck*
- *waldflug.de*

10 Tälerrunde

MIT DEM RAD AN ENZ UND NAGOLD

Eine Radtour, zwei Flüsse – und unzählige schöne Aussichten. Entlang des längsten linken Nebenflusses des Neckars, der Enz, zeigt sich der Nordschwarzwald besonders vielfältig. Das satte Dunkelgrün der Bäume, die Goldstadt Pforzheim, verträumte Fachwerkdörfer und Weinberge sorgen für reichlich Abwechslung. Eine herrliche Radtour auch für Ungeübte.

Für die Tälerrunde starten wir am Bahnhof in Bad Liebenzell, wo man sich auch Räder ausleihen kann. Am besten ein E-Bike, denn gleich am Anfang der Tour geht es ordentlich bergauf nach Schömberg.

Himmelsglück-Turm Schömberg

Dort lohnt der Himmelsglück-Turm einen Stopp (siehe Tipp 9). Von der Aussichtsplattform in 50 Meter Höhe reicht der Blick weit über die Wipfel des Nordschwarzwaldes. Wer will (und sich traut), kann vom Turm aus mit der Zip-Line Flying Fox sogar über die Baumspitzen hinweg hinunter in den Ort brausen. Gemütlicher geht es mit der Flyline, bei der man sitzend langsam durch den Wald fährt und ein paar hundert Meter vom Turm entfernt am Boden „landet".

Von Schömberg geht es bergab nach Höfen an der Enz. Zeit für eine kleine Mittagspause, auch die Akkus der Räder können bei Bedarf im Gasthof aufgeladen werden. Entlang der Enz radeln wir später gemütlich und nahezu eben weiter nach Neuenbürg.

Abendstimmung bei Schömberg

Bad Liebenzell

An einer Staustufe bietet sich ein toller Ausblick auf die Enz. In Neuenbürg führt der Weg entlang dem „rauschenden Bach" durch kleine Gassen – schöne Fotomotive inklusive.

Durch herrlichen Mischwald fahren wir über Birkenfeld weiter in die Goldstadt Pforzheim (siehe Tipp 1). Hier wurde die Enz vor einigen Jahren für die Landesgartenschau renaturiert. Hübsche Cafés an der Enz oder am Marktplatz verführen zum Einkehren. In Pforzheim treffen wir schließlich wieder auf die Nagold, die hier in die Enz mündet. Flussaufwärts radeln wir zurück nach Bad Liebenzell. Kurz vorm Ziel lohnt ein Abstecher in die Monbachschlucht (siehe Tipp 14).

Enz- und Nagoldtal bieten großartige Ausflugsmöglichkeiten, um die natürliche Schönheit des Nordschwarzwalds zu genießen, aber auch für diejenigen Besucher, die mehr über die lokale Kultur und Geschichte erfahren möchten. Die komplette Tälerrunde führt von Bad Liebenzell über Altensteig nach Bad Wildbad und von dort über Pforzheim wieder zurück nach Bad Liebenzell. Die Tälerradrunde verbindet so den Nagoldtal- und den Enztalradweg zu einer großen Schleife.

Info

Lage: Die Tälerrunde verbindet südlich von Pforzheim das Nagold- und das Enztal.

Start und Ziel: Bahnhofstraße, 75378 Bad Liebenzell

Website: *mein-schwarzwald.de/aktivitaeten/radfahren/radtouren/e-bike-im-schwarzwald/#ipd=62723455*

11 Paracelsus-Therme Bad Liebenzell

PURE ERHOLUNG

Quellen seien für abgearbeitete Leute gut, befand der berühmte Arzt und Naturphilosoph Paracelsus bereits im Jahr 1526. Fast 500 Jahre später trifft das wohl auf ziemlich viele Leute zu. Die gute Nachricht: Allein im Nordschwarzwald gibt es fünf Thermen, um mal so richtig die Akkus wieder aufzuladen.

Eine davon befindet sich direkt am Kurpark in Bad Liebenzell. Wer will, kann sich zunächst ein bisschen sportlich betätigen am Gymnastik-Parcours, alle anderen spazieren direkt in den Wellnesstempel.

Kürzlich renoviert, lädt die Paracelsus-Therme mit einem neuen Pinea-Spa-Bereich zur kleinen Auszeit. Im gemütlich modernen Design mit Kamin und Schaukelliegen entspannt man im Ruheraum mit bodentiefen Fenstern mit Blick auf die Liebenzeller Burg und den sattgrünen Schwarzwald – was für eine Erholung für bildschirmgestresste Menschen. Ein Regal mit Büchern und Kunstobjekten sorgt für ein wohnliches Ambiente, Schaukelstühle, bequeme Betten, Kuschelinseln oder Sitzecken mit Loungemöbeln sind aus natürlichen Materialien wie Holz und Filz.

Paracelsus-Therme Bad Liebenzell

Pinea Spa mit Ausblick

Für Saunafans stehen verschiedene Saunen zur Verfügung, unter anderem die Schwarzwaldstube, eine Aufgusssauna mit 90 Grad, oder das Schwitzkästle, eine trockene Sauna mit 100 Grad. Auf den insgesamt drei Etagen finden sich überall schöne Sitz- und Ruhegelegenheiten.

Wer Glück hat, bekommt mit Saunameister Walter noch ein bisschen Kultur serviert. Nachdem er Wasser auf die heißen Steine gegossen hat, rezitiert er Gedichte auf Zuruf. „Nennt mir einen Dichter", sagt er. „Hermann Hesse", ruft einer und Walter bringt das Gedicht „Stufen" zum Vortragen. Später bei einem weiteren Aufguss in der Relaxsauna war ein Kind dabei, da hatte er Kindergedichte im Repertoire, beispielsweise ein selbst verfasstes von der Maus und eines von Heinz Erhardt.

Mehrere Thermalwasserbecken drinnen und draußen mit Strömungskanal, Massagedüsen und Champagnerliegen laden anschließend zum Relaxen ein. Im Sommer kann man es sich mit einem Handtuch auf der Duftinsel in der Liegewiese bequem machen.

Im Pinea Bistro (auch öffentlich für Nichtbadegäste) gibt es Regionales, Italienisches, Salate und auch Bowls. Sehr angenehm: Der Trinkbrunnen mit Bad Liebenzeller Mineralwasser im Saunabereich steht allen kostenlos zur Verfügung. Trinkbecher gibt es im Bistro für einen Euro.

Info

Lage: im Kurpark von Bad Liebenzell, etwa acht Kilometer nördlich von Calw

Adress: Paracelsus-Therme & Sauna Pinea Bad Liebenzell, Reuchlinweg 4, 75378 Bad Liebenzell

Website: *paracelsus-therme.de*

12 Unter Tage

HEILSTOLLEN IM EHEMALIGEN BERGWERK

Das Bergwerk war mit Unterbrechungen bis Anfang des 20. Jahrhunderts in Betrieb, wobei schon seit dem 15. Jahrhundert das Erzvorkommen so gut wie erschöpft war. Heute können Besucher bei einer Führung durch die 400 Meter langen Erzgänge im Hella-Glück-Stollen erleben, wie mühsam die Arbeit der Bergleute früher war, zumal diese weder eine passende Ausrüstung noch ausreichend Licht zur Verfügung hatten.

Im Mittelalter war Neubulach die führende Bergbaustadt im Nördlichen Schwarzwald und Sitz des Bergamtes bzw. der Bergvogtei. Gewonnen wurden hauptsächlich Silber- und Kupfererze.

Viele Besucher kommen auch noch aus einem anderen Grund ins Bergwerk. Im Heilstollen kann man tief durchatmen: Zwei Stunden dauert eine Sitzung, 65 Meter unter der Erde in der heilenden Wirkung der unterirdischen, sehr reinen Grubenluft. Zu verdanken ist dies dem Mikroklima im Stollen. Gleichbleibend kühle Temperaturen von sechs bis acht Grad lassen in den wärmeren Monaten die Luft aus dem Stollen nach außen strömen. Gleichzeitig strömt frische Luft durch Klüfte und Spalten im Berg nach. Diese Luft wird auf ihrem Weg durch das Felsmassiv nicht nur gefiltert, sondern auch noch mineralisch angereichert – alle 15 Minuten wird die Luft im Therapiestollen komplett ausgetauscht. Staub- und Allergiepartikel sind durch die hohe Feuchtigkeit von 96 Prozent kaum in der Luft vorhanden.

Im Heilstollen

Das Bergwerk ist ein ideales Ziel für alle, die ein einzigartiges und entspannendes Wellness-Erlebnis suchen, aber auch für alle, die sich für die Geschichte des Bergbaus interessieren. Im Advent lockt zudem der bergmännische Weihnachtsmarkt rund um den Hella-Glück-Stollen zahlreiche Besucher an. Und das weit über die Region hinaus.

Pure Entspannung

Info

Lage: Der heilklimatische Kurort Neubulach liegt etwa zehn Kilometer südlich von Calw.

Adress: Heilstollen Neubulach, Ziegelbach 1, 75387 Neubulach

Website: *neubulach.de*

13 Enzklösterle

BLAUES GOLD

Eingebettet zwischen saftigen Wiesen und grünen Tannenwäldern liegt das Heidelbeerdörfchen Enzklösterle. Im Sommer macht das ganze Dorf blau: Wenn in den Wäldern die Heidelbeeren reifen, dreht sich alles um die köstliche blaue Waldfrucht. Eine ganze Woche lang wird in der zweiten Julihälfte gefeiert.

Das „blaue Gold" sicherte jahrhundertelang den Lebensunterhalt ganzer Familien im Sommer. Selbst die Kinder mussten mit ran und in den „Heidelbeerferien" in aller Frühe in die Wälder aufbrechen. In den nährstoffreichen Böden der Tannenwälder rund um Enzklösterle wachsen die blauen Beeren besonders üppig.

Heidelbeerweg

Zwölf Kilometer Genuss: der Schwarzwälder Genießerpfad

Auf dem Heidelbeerweg rund um Enzklösterle wandern wir durch märchenhafte Felslandschaft und alpin anmutende Täler und Wiesen. Als Schwarzwälder Genießerpfad deklariert, macht der zwölf Kilometer lange Rundwanderweg seinem Namen alle Ehre. Auf dem Heidelbeerweg Enzklösterle ist für alle Sinne etwas dabei. Zu beiden Seiten des Weges mischen sich Heidelbeersträucher mit unzähligen Arten von Grün: Moose, Farne, Wildkräuter, Buchenblätter. Einzelne Sonnenstrahlen bahnen sich den Weg durch die Baumkronen wie Scheinwerferlicht, das den Blick auf die Schönheit der Natur lenkt. Wie kleine Perlen hängen die Heidelbeeren am Strauch, man muss einfach nur naschen – was für ein konzentriertes Aroma! Ein Genuss ist auch der Weg an sich. Mal geht es auf einem Forstweg nach oben, mal auf engen Wurzelpfaden. Oben am Schöllberg dann das Finale des ersten Akts: eine verwunschen wirkende Szenerie wie im Märchen.

Ein paar hundert Meter weiter an der Holzplattform wartet der Auerhahn, der im Schwarzwald lebt. Dieses Exemplar ist jedoch aus Holz geschnitzt, seine echten Kumpane sind selten geworden und leben sehr zurückgezogen im Schwarzwald. Denn vor allem am Wochenende ist die beliebte Tour nicht gerade wenig frequentiert. Auf mehreren Infotafeln erfährt man Wissenswertes über die Heidelbeeren – die übrigens nicht nur lecker schmecken, sondern auch sehr gesund sind. Nach einer kurzen Rast mit Panoramablick auf das Enztal führt der Weg hinunter ins Lappbachtal und folgt dann im großen Bogen der Enz. Deren Wasser ist glasklar, immer wieder schwimmt eine Forelle vorbei.

Aussichtsplattform am Heidelbeerweg

Ab dem Kulturdenkmal Rußhütte steigt der Heidelbeerweg erneut leicht an – oberhalb der steilen Wiesenhänge rund um Enzklösterle, die im Winter zum Skifahren einladen. Glück gehabt, die Heidelbeer-Schaukel ist gerade frei. Auf dem letzten Viertel umrundet der Heidelbeerweg das Rotwildgehege und führt unter

Heidelbeerschaukel

herrlich duftenden Kiefern zurück zum Ausgangspunkt. Tipp: Im Heidelbeerhaus an der Wildbader Straße kann man verschiedene Leckereien aus Heidelbeeren kaufen: Marmelade, getrocknete Beeren, Essig, Wein, Schnaps und mehr.

Info

Lage: Enzkösterle liegt zwischen Pforzheim und Freudenstadt in Landkreis Calw.

Ausgangspunkt: Friedensstraße 16, 75337 Enzklösterle

Website: *enzkloesterle.de/de/freizeit-aktiv/wandern/heidelbeerweg-enzkloesterle-premiumwanderweg-id_1040/*

Der Osten

Im Schweinbachtal

Der Osten

14. Monbachschlucht: wildromantische Wanderung
15. Klosterruine Hirsau: Ruhezone im Nagoldtal
16. Schweinbachtal: steinernes Brückle
17. Calw: Fachwerkidylle und Hermann Hesse
18. Rund um Calw: Wasser-, Wald- und Wiesenpfad
19. Zavelstein: Genießer-Auszeit
20. Wildkrokusblüte in Zavelstein: Blütenmeer in lila
21. „Der Teinacher": Premiumwanderweg durch Wald und Wiesen
22. Kaffeemanufaktur Bad Wildbad: genussvoller Muntermacher
23. Bad Wildbad: märchenhaftes Palais Thermal
24. Bad Wildbad: Hängepartie am Sommerberg
25. Kaltenbronn: Give me moor ...

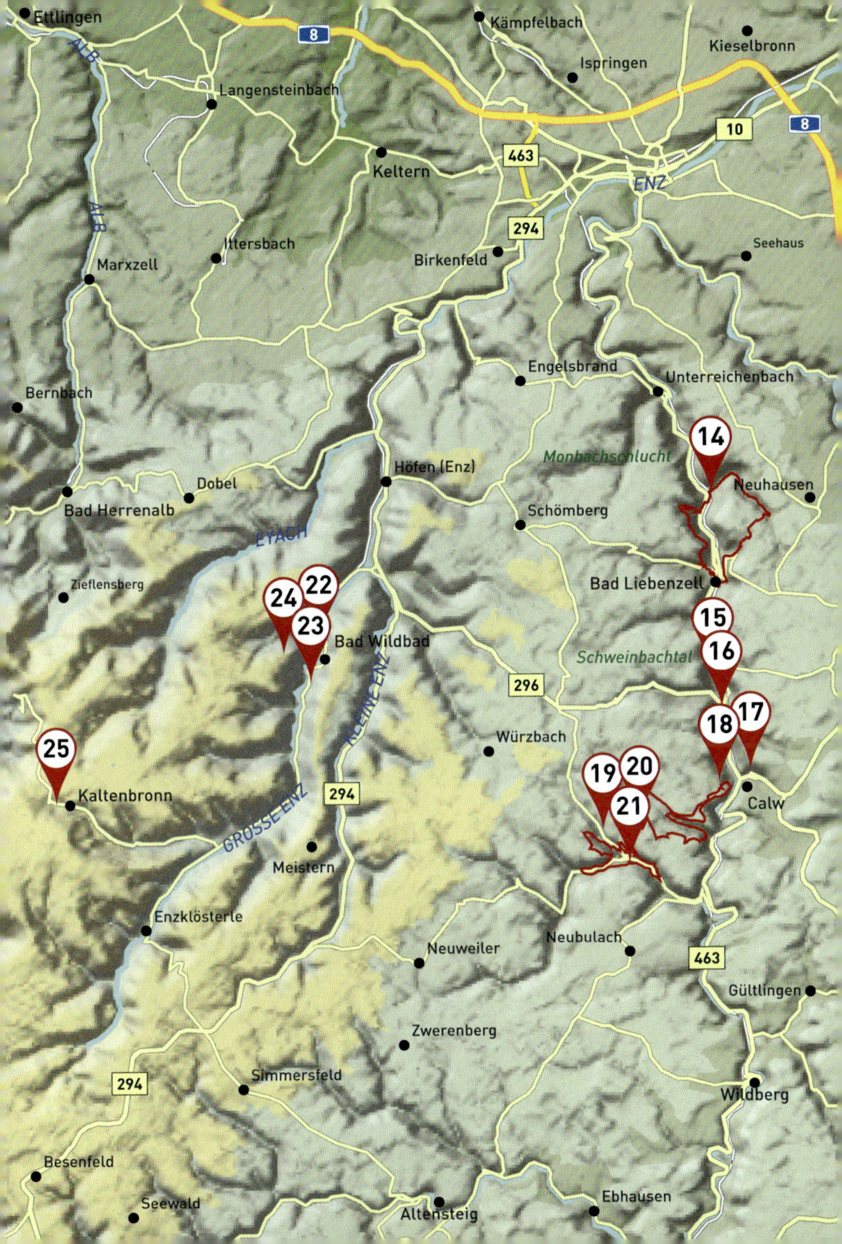

Ettlingen
8
ALB
Kämpfelbach
Kieselbronn
Ispringen
Langensteinbach
10
8
463
Keltern
ENZ
294
ALB
Ittersbach
Seehaus
Birkenfeld
Marxzell
Engelsbrand
Unterreichenbach
Bernbach
14
Monbachschlucht
Höfen (Enz)
Neuhausen
Dobel
Bad Herrenalb
Schömberg
EYACH
Bad Liebenzell
Zieflensberg
24
22
15
23
Bad Wildbad
Schweinbachtal
16
296
17
18
KLEINE ENZ
25
Würzbach
19
20
21
Calw
Kaltenbronn
294
GROSSE ENZ
Meistern
Enzklösterle
Neubulach
463
Neuweiler
Gültlingen
Zwerenberg
Simmersfeld
Wildberg
294
Besenfeld
Seewald
Altensteig
Ebhausen

14 Monbachschlucht

WILDROMANTISCHE WANDERUNG

Wild, romantisch und sehr, sehr grün – so zeigt sich die Monbachschlucht besonders im Frühsommer. Ein einmalig schönes Naturerlebnis ist das Monbachtal bei Bad Liebenzell im Nordschwarzwald aber zu jeder Jahreszeit.

Das frische Grün der Bäume leuchtet in zig Farbtönen und entführt in eine andere Welt. Wären da nicht die ganzen anderen Wanderer, käme man sich vor wie in einem verwunschenen Wald voller Farne und Flechten. Mit dem Rauschen des Monbaches als Begleiter geht es immer weiter hinein in die Schlucht. Die so wild wirkt – und doch sanft zugleich.

Flauschige Moospolster lassen die Felsbrocken im Wasser wie Kissen erscheinen. Die Luft ist klar und angenehm kühl; im Frühsommer dringen die Sonnenstrahlen durch das noch lichte Blätterdach und zaubern Glanzlichter auf den Monbach. Der Pfad durch die wilde Monbachschlucht führt direkt am Wasser entlang, mal auf der einen, mal auf der anderen Seite. Teils schmal, steinig und von Wurzeln bedeckt, umgestürzte Baumstämme liegen quer zwischen riesigen Felsbrocken – ein echtes Naturerlebnis.

Monbachschlucht

Auf flachen Steinen kommt man problemlos immer wieder zum anderen Ufer – insgesamt sechs Mal. Gute Wanderschuhe sind allerdings Pflicht, denn in der Monbachschlucht ist es immer feucht und nicht nur nach Regenfällen besteht Rutschgefahr.

Immer wieder wechselt der Weg das Ufer

Klein, aber nicht weniger beeindruckend ist der Wasserfall in der Monbachschlucht, ein weiteres Highlight der Monbachtal-Wanderung. Über zwei Stufen rauscht das Wasser kaskadenartig hinunter und sammelt sich in einem kleinen Naturbecken. Noch ein Stück weiter, an der Brücke, verlassen wir die Monbachschlucht wieder, biegen nach rechts ab und kommen über einen Forstweg bequem zurück zum Ausgangspunkt. Die Schlucht sollte man nur mit guten Wanderschuhen begehen und keinesfalls bei Hochwasser!

Wasserfall im Monbachtal

Entstanden ist die Monbachschlucht vor rund 350.000 Jahren. Lange war diese unzugänglich und wenig bekannt. Erst mit dem Bau der Eisenbahnstrecke Ende des 19. Jahrhunderts kamen die ersten Touristen.

Monbachschlucht: wildromantisch und schön

Raus aus dem Zauberwald, rein in die Realität. Am Ende der Schlucht gibt es auf der rechten Seite ein Kneipp-Tretbad, einen Minigolf-Platz und ein Café. Zurück geht der Weg wieder nach Bad Liebenzell. Wer will, kann noch einen Abstecher auf die Burg machen.

Info

Lage: zwischen Pforzheim und Bad Liebenzell (Landkreis Calw)

Adresse: Im Monbachtal 1, 75378 Bad Liebenzell

Website: *tourismus-bad-liebenzell.de/aktivitaeten/die-monbachschlucht/*

15 Klosterruine Hirsau

RUHEZONE IM NAGOLDTAL

Hirsau ist einer der bezaubernden Orte im Nagoldtal, ein Luftkurort mit reiner Luft und viel Ruhe für eine Atempause im Alltag. Der perfekte Ort dafür ist das Kloster Hirsau mit seinem Kräutergarten, dem Klostermuseum und den regelmäßig stattfindenden Konzerten des Calwer Klostersommers. Auch ein Spaziergang durch die alte Klosteranlage ist reizvoll.

Vom oberen Tor aus läuft man geradewegs auf den Brunnen zu, linker Hand steht ein kleines Haus mit tiefem Dach und einer weißen Bank davor, die von Rosen umrahmt ist. Daneben sechs riesige, jahrhundertealte Linden, deren Blüten betörend duften im Frühsommer. Auf den Mauern der ehemaligen Kirche wachsen knöchelhoch Gras, ein paar Wildblumen und Kräuter. Auf den Stufen zum ehemaligen Altar sonnen sich Schmetterlinge; Bienen und Hummeln sammeln rege den Nektar aus den Lindenblüten.

Brunnen im Kloster Hirsau

Dies hier ist definitiv einer dieser Plätze, die etwas Magisches haben. Eine ganz besondere Atmosphäre ist spürbar, die Zeit scheint stillzustehen, wäre da nicht die Glocke, die viertelstündlich erklingt. Klöster sind Orte, an denen der Alltag vergessen scheint. Inmitten der alten Gemäuer kann man im Kloster Hirsau an sechs Stationen diesen besonderen Lebensraum spüren. Jede Station steht bildhaft für die Sinnfragen des Lebens.

Klostergang

Ein magischer Ort: Kloster Hirsau

Schon vor tausend Jahren war Hirsau nicht irgendein Kloster, sondern eines, in dem sich geistige und weltliche Macht verbanden. Das Kloster St. Aurelius wurde um 830 im damals noch weitgehend unbewohnten Nagoldtal gegründet – und verfiel einige Zeit später. Mitte des 11. Jahrhunderts baute man ein zweites, größeres Kloster daneben: St. Peter und Paul, eine der einflussreichsten Abteien im Heiligen Römischen Reich.

Kloster Hirsau

Heute verwandelt sich der Kreuzgang der Klosterruine jeden Sommer in eine stimmungsvolle Kulisse beim Calwer Klostersommer, dem beliebten Open-Air-Kulturfestival im Nordschwarzwald.

Info

Lage: im Norden von Calw, Ortsteil Hirsau

Adresse: Kloster Hirsau,
Wildbader Straße 2, 75365 Calw

Website: *www.klosterhirsau.de*

16 Schweinbachtal

STEINERNES BRÜCKLE

Vom Parkplatz am Kloster St. Peter und Paul in Hirsau zweigt der Weg etwas unscheinbar von der Straße ab zum Wildgehege im Ortsteil Bärental. Bären sind allerdings hier keine zu sehen. Stattdessen steht eine Rotwildfamilie am Waldhang, der sich hinter der großen Wiese mit den Mammutbäumen erhebt, und mustert neugierig die Wanderer, die versuchen, ein paar Fotos zu schießen.

Nach diesem kleinen Abstecher am Anfang der Tour und einem kurzen Stück Straße markiert ein altes Haus mit einem Bauerngarten wie aus dem Bilderbuch den Eingang ins Schweinbachtal. Der Weg wird immer enger, das Grün dichter, begleitet vom Rauschen des Baches als Soundtrack.

Nur der Verkehr der parallel verlaufenden Straße verrät, dass die Zivilisation nicht weit entfernt ist. Denn das könnte man angesichts des immer idyllischer werdenden Tals beinahe vergessen.

Wild, fast dschungelartig, schlängelt sich der Weg leicht ansteigend entlang des Schweinbachs. Üppige Farne säumen das Ufer. Steine, grün bemoost, liegen wie Kissen im Bachbett. Zwischendurch strömt das Wasser in unzähligen Mini-Kaskaden als ebenso kleine Wasserfälle. Sonnenstrahlen dringen vereinzelt durch das dichte Blätterdach und setzen Bildausschnitte dieser Landschaft wie ein Beleuchter gekonnt in Szene. Man kann gar nicht anders,

Schweinbachtal

als immer wieder stehen zu bleiben und sich an diesem Naturschauspiel zu erfreuen. Aus den Baumkronen tönt dazu ein vielstimmiges Vogelkonzert, es duftet nach Pilzen und nassem Gras.

Bachüberquerung

Immer wieder quert der Weg den Schweinbach, auf großen Trittsteinen kommt man sicher und trockenen Fußes auf die andere Seite. Gute Wanderschuhe sind dennoch empfehlenswert, denn der Trail ist steinig und nach Regentagen auch teils rutschig.

Mal direkt am Wasser, mal etwas oberhalb führt der Weg und nach knapp vier Kilometern kommt das Highlight der Tour in Sicht: das steinerne Brückle. Was für ein tolles Fotomotiv! Einfach malerisch, wie sich der Bogen über den Bach spannt. Und so was von instagramtauglich ... Aber Vorsicht: Einsturzgefahr! Bitte nur von unten ablichten. Auch wenn es noch so verlockend erscheinen mag, betreten

Ursprünglich und idyllisch: Schweinbachtal

Steinernes Brückle

sollte man die leider schon etwas marode Brücke nicht. Tief fallen kann man zwar nicht, aber es wäre schade, wenn dieses wunderschöne Bauwerk einstürzen würde.

Nach dem steinernen Brückle gibt es zwei Möglichkeiten, die Wanderung fortzusetzen. Als große Runde über Oberkollbach und zur Bruderhöhle. Oder durch den Wald und ab der Grillstelle auf der Alten Badstraße zurück nach Hirsau. Dort lohnt ein kleiner Rundgang durch die ehemalige Klosteranlage (siehe Tipp 15).

Info

Lage: im Norden von Calw, Ortsteil Hirsau

Adresse: Schweinbachtal, Wildbader Straße, 75365 Calw, OT Hirsau

Website: *calw.de/attraktionen/schweinbachtal-57bd084024*

17 Calw

FACHWERKIDYLLE UND HERMANN HESSE

Still steht er da auf der Nikolausbrücke und schaut auf die Stadt. Schmächtig, fast ein wenig unscheinbar. Und doch einer der bekanntesten Bewohner von Calw: Hermann Hesse, bis heute weltweit der meistgelesene deutschsprachige Autor des 20. Jahrhunderts.

Hermann Hesse

Calw ist eine der kleinen Städteperlen des Schwarzwaldes und liegt etwa 32 Kilometer südlich von Pforzheim. Die Stadt ist bekannt für die gut erhaltenen historischen Fachwerkhäuser wie beispielsweise die Alte Lateinschule aus dem 16. Jahrhundert am Kirchplatz. Beim Bummel durch die schönen Altstadtgassen findet man immer wieder schöne Fotomotive und am wunderschönen Marktplatz nette Cafés für eine kleine Pause. Im historischen Stadtpalais ist das Hermann-Hesse-Museum untergebracht, ein Muss für Literaturfans. Einen Abstecher zu den Klosterruinen im Stadtteil Hirsau lohnt sich ebenfalls.

Marktplatz

Die Kleinstadtidylle von Hesses geliebter Heimat findet sich in seinen Werken wieder und vieles im Stadtbild aus jenen Tagen blieb erhalten. Auf Schritt und Tritt begegnet einem der Literaturnobelpreisträger im reizvollen Fachwerkstädtchen auch heute noch. Das Palais Vischer und das Gerbereimuseum zeigen die traditionelle Seite der Stadt. Via QR-Codes kann jeder seine eigene Stadtführung auf einem der Themenrundwege durch das Calwer Zentrum, das etwa 200 denkmalgeschützte Häuser umfasst, unternehmen.

Palais Vischer

Fachwerkstadt Calw

Für Wanderer und Naturliebhaber ist Calw ein guter Ausgangspunkt, da die Umgebung viele Wanderwege und Parks bietet. Die Mischung aus Stadt und Natur ist sehr reizvoll. Der „schwarze Wald" reicht bis fast in die Stadt hinein: Am Stadtgarten startet beispielsweise der Wasser-, Wald- und Wiesenpfad – mehr Abwechslung auf einer Tour geht kaum. Calw liegt außerdem am Nagoldradweg. Cafés und Geschäfte rund um den Marktplatz laden anschließend ein, noch ein bisschen länger zu bleiben.

Lage: Calw liegt etwa 25 Kilometer südlich von Pforzheim.

Info

Websites:

- *calw.de*
- *calw.de/kultur/hermann-hesse*

18 Rund um Calw

WASSER-, WALD- UND WIESENPFAD

Wasser. Wald. Wiesen. Was so banal klingt, ist so abwechslungsreich wie ein Wanderweg nur sein kann. Zu Recht hat diese Premiumtour das Prädikat Genießerpfad erhalten – zahlreiche Heimatmomente inklusive.

Enge Pfade am Wasser. Wildnis. Alpin anmutende Felssteige, atemberaubend (im wahrsten Sinne) schön. Streuobstwiesen und immer wieder fantastische Ausblicke in den Nordschwarzwald.

So schön wie diese Wanderung ist, etwas Kondition sollte man mitbringen. Oder die Runde teilen, das funktioniert ziemlich genau in der Mitte. So sind es jeweils knapp sieben Kilometer, die gut zu schaffen sind. Wer die Teilstrecke ohne Calw geht, parkt am besten am Wanderheim Zavelstein.

Von dort führt der Weg ganz gemütlich auf einem Forstweg zunächst in den Wald hinein. An der überdachten Aussichtsbank wechselt die Kulisse: Zwischen den Feldern, Apfel- und Zwetschgenbäumen wandern wir vorbei am Theurerhof, queren den Bach und tauchen am Dorfende von Speßhardt wieder in den Wald ein. Kurz darauf kommen wir über die historische Butterstaffel hinunter ins idyllische Rötelbachtal. Diese Treppen dienten den Einheimischen früher unter anderem zum Transport ihrer Waren zum Markt.

Das sanfte Gurgeln des Rötelbaches weist den Weg über Stock und Stein, erst auf der einen, dann auf der anderen Uferseite. Es duftet nach Pilzen, angenehm kühl legt sich die immerfeuchte Luft der Schlucht auf die Haut. Farne und Moos leuchten sattgrün, Sonnenstrahlen lassen das Wasser glitzern – würde jetzt eine Fee auftauchen, würde das kaum verwundern.

Rötelbachtal

Kurz vor Kentheim, das einen Abstecher wegen seiner schmucken Fachwerkhäuser und der St.-Candidus-Kirche lohnt, wird es steil. Im Zickzack und über unzählige Naturstufen windet sich der Pfad schweißtreibend nach oben. Der Lohn: die Stubenfelsen, eine beeindruckende Formation aus Buntsandstein.

Kleine Mutprobe gefällig? Der Wanderweg führt durch einen sehr, sehr schmalen Felsspalt (Rucksack vorher absetzen, um nicht stecken zu bleiben). Der Legende nach wird jeder, der zuvor geschwindelt hat, drinnen zerquetscht ... Glück gehabt, die Tour kann weitergehen.

Mutprobe Felsspalt

Wäre auch jammerschade, denn nun kommt das kulinarische Highlight der Wanderung auf dem Wasser-, Wald- und Wiesenpfad: die Rast im Wanderheim Zavelstein. Selbst gemachte Sülze im Weckglas, Heckengäu-Linsen mit Spätzle oder knackfrischer Salat schmecken richtig gut. Wäre auch nicht anders zu erwarten, denn die Betreiberfamilie Berlin kocht in ihrem Restaurant Krone in Zavelstein auf Sterneniveau und im Restaurant Lamm gibt es beste Naturpark-Schwarzwald-Regionalküche. Im Sommer lädt der große Garten zur Vesper unter Lindenbäumen.

Info

Lage: Calw liegt etwa 25 Kilometer südlich von Pforzheim.

Wanderung:

- Startpunkte sind entweder der Calwer Marktplatz oder das Wanderheim Zavelstein, Fronwaldstraße 48, 75385 Bad Teinach-Zavelstein.
- Länge: 14 Kilometer, Schwierigkeit: mittel

Websites:

- *calw.de/touren*
- *calw.de/touren/geniesserpfad-premiumweg-wasser-wald-und-wiesenpfad-calw-bad-teinach-zavelstein-046a2d5342*

19 Zavelstein

GENIESSER-AUSZEIT

Eine Shoppingmeile oder Bars gibt es nicht. Stattdessen eine Burgruine. Vom Turm hat man eine grandiose Weitsicht. Das malerische Städtle war vor dem Zusammenschluss mit Bad Teinach übrigens Deutschlands kleinste Stadt. Hübsch ist Zavelstein immer noch.

Zavelstein, einst kleinste Stadt Deutschlands

Im März pilgern Tausende Besucher nach Zavelstein, denn dann erwachen die Wildkrokusse aus dem Winterschlaf. Millionen kleine Pflanzen verwandeln die Wiesen in ein lila Blütenmeer (siehe Tipp 20). Aber auch im Rest des Jahres kann man in und um Zavelstein herrlich wandern, wie fast überall im idyllischen Teinachtal mit seinen immergrünen Schluchten, dichten Wäldern und sonnenverwöhnten Hochflächen. Schon früher, bei den Herzögen und Königen, war das Teinachtal ein beliebtes Ausflugsziel, wie die romantische Mathildenstaffel zeigt (siehe Tipp 21).

Für Gourmets gibt es noch einen weiteren Grund, nach Zavelstein zu kommen: kulinarischer Genuss vom Feinsten in Berlins KroneLamm. Die Küche in dem familiengeführten Wellnesshotel ist spätestens seit dem Michelin-Stern für das Restaurant

Top-Adresse für Genießer in Zavelstein: Berlins Krone Lamm

Regional genießen im Naturpark-Restaurant Lamm

Krone kein wirklicher Geheimtipp mehr. Doch auch im zweiten Lokal, dem Naturpark-restaurant Lamm, kommen Genießer auf ihre Kosten. Feinste „Schmeck den Süden"-Küche mit regionalen Zutaten der Saison wird dort serviert – mit einer fantastischen Aussicht ins Grüne. Das klingt dann zum Beispiel so: „Rauchforellentatar auf Ringelbete-Carpaccio an Salatbukett mit Birnendressing und Kartoffelstroh". Wer es ganz klassisch mag, bestellt „Drei hausgemachte Maultaschen geschmelzt mit Zwiebeln und Kartoffelsalat".

Am besten, man bleibt nach dem Essen noch ein bisschen länger. Für Hausgäste bietet der große Wellnessbereich mit Hochsitz-sauna Entspannung pur.

Info

Lage: Ortsteil Zavelstein im Teinachtal, ca. sechs Kilometer westlich von Calw.

Adresse: Wellnesshotel Berlins KroneLamm, Marktplatz 3, 75385 Bad Teinach-Zavelstein

Website: *berlins-hotel.de*

20 Wildkrokusblüte in Zavelstein

BLÜTENMEER IN LILA

Die Farbe des Frühlings ist lila. In Zavelstein jedenfalls, wo jedes Jahr Millionen Blüten auf mehr als fünfhunderttausend Quadratmetern nicht nur fleißige Bienchen, sondern auch Naturfans, Hobbyfotografen und Wanderer in Scharen anlocken.

Am Morgen sehen sie noch aus wie in die Wiese gesteckte Stifte. Doch mit den ersten Sonnenstrahlen öffnen sich die Kelche und verwandeln die Wiesen rund um Zavelstein in ein blasslila Blütenmeer. Woher der Zavelsteiner Krokus genau stammt, ist nicht bekannt. Experten vermuten, dass er aus Süditalien kommt und als Reisemitbringsel der damaligen Burgherren in den Nordschwarzwald gelangte. Zavelstein ist eine der wenigen Flächen in Südwestdeutschland, wo der Krokus wild wächst – 52 Hektar groß ist das ganze Naturschutzgebiet.

Wildkrokusblüte in Zavelstein

Krokusse zählen zu den Schwertliliengewächsen und stammen ursprünglich aus dem Orient, Nordafrika und dem Mittelmeerraum. Bekanntester Vertreter ist der Crocus sativus, besser bekannt als Safran. Aus den Blütenstempeln werden die begehrten und teuren Gewürzfäden gewonnen. Vor allem das enthaltene Crocin sorgt dafür, dass mit Safran gewürzte Gerichte sich intensiv goldgelb färben.

Zavelstein

Wer schon mal hier ist, kann aber noch viel mehr erleben als nur Blumengucken. Die Burgruine zum Beispiel im Städtle. Ein Entspannungsbad in wohligem Thermalwasser. Oder typische Schwarzwaldhäuser im Teinachtal. Nicht zu vergessen die tollen Aussichten im Naturpark auf der Augenblick-Wanderrunde. Vormittags, wenn die Krokusausflügler noch nicht da sind, kann man herrlich wandern. Die Augenblickrunde ist 15 Kilometer lang und bis auf den Anstieg zur Burg ohne nennenswerte Steigung. Der Weg ist sehr gut und lückenlos markiert. Einkehrmöglichkeiten an der Strecke gibt es keine, aber nach der Tour laden Restaurants in Zavelstein ein.

Ruine Zavelstein

Ruine Zavelstein

Vorbei an den Krokuswiesen am Sportplatz (Ortsausgang) in Zavelstein führt die Augenblickrunde durch den Wald an Rötenbach vorbei bis zum Aussichtspunkt Zettelberg und durch die Wolfsschlucht bis zur alten Stauferburg Zavelstein, die eine grandiose Aussicht bis zur Schwäbischen Alb bietet. Um das Jahr 1200 herum wurde die Burg erbaut und knapp 500 Jahre später durch französische Truppen zerstört – bis auf den 28 Meter hohen Turm, der heute als Mahnmal gilt. Zavelstein war übrigens bis zur Gemeindereform 1975 die kleinste Stadt in Baden-Württemberg, wurde inzwischen jedoch abgelöst von Langenburg. Lust auf eine Einkehr? Gehobene Küche gibt es in Zavelstein in den Restaurants des Hotels Berlins Krone (ein Michelin-Stern) und Lamm (siehe Tipp 19)

Info

Lage: Ortsteil Zavelstein im Teinachtal, ca. sechs Kilometer westlich von Calw

Informationen: Aktuelle Informationen zum Stand der Blüte gibt es bei der Teinachtal-Touristik telefonisch unter 07053-9205042

Website: *teinachtal.de*

21 „Der Teinacher“

PREMIUMWANDERWEG DURCH WALD UND WIESEN

Typisch Schwarzwald: bewaldete Berghänge, enger Talgrund. Einzigartig jedoch macht das Teinachtal das reiche Vorkommen von Mineral- und Thermalwasser. Nur 15 Kilometer fließt die Teinach durch den Nordschwarzwald, bis sie in die Nagold mündet.

Malerische Bachtäler, bizarre Felsen, abwechslungsreiche Pfade über Stock und Stein und eine Burg wie aus dem Märchenbuch. „Der Teinacher“ ist eine anspruchsvolle Tour im Teinachtal.

„Der Teinacher“ zählt zu den Top 20 der 81 Premiumwege in Baden-Württemberg und hat einiges zu bieten: wilde Schluchten, jahrhundertealte Geschichte, sanft plätschernde Bachläufe. Eine urige Hütte zur Einkehr liegt ebenfalls am Weg. Ganz einfach zu gehen ist „Der Teinacher“ zumindest an einigen Stellen zwar nicht, aber wer die Mathildenstaffel erklommen hat, kann sich rund um den Emberg und beim Abstieg in die Schlucht entspannen.

Los geht es am Freibad in Bad Teinach, zunächst entlang der Teinach. Von der Heilkraft des Teinacher Wassers berichten die Inschriften an der Jahrhundertbank, der älteste Stein stammt aus dem Jahr 1687. Bei den Mineralquellen quert „Der Teinacher“ die Straße und dann geht es hoch hinauf: 600 Stufen auf der Mathildenstaffel. Benannt ist die historische Anlage nach der ersten Königin von Württemberg, Charlotte Auguste Mathilde von Württemberg. Vermutlich ließ sie im Wald unterhalb des Emberges Wege, Treppen und Sitzbänke aus rotem Sandstein anlegen.

Mathildenstaffel

Der Aufstieg auf den unebenen Stufen erfordert etwas Kondition, Trittsicherheit (vor allem bei Nässe) und gute Wanderschuhe. Doch ohnehin möchte man immer wieder stehenbleiben, um die märchenhafte Landschaft zu genießen. Das leuchtend grüne

Höchster Punkt der Wanderung: Emberg

Moos. Felsen aus Buntsandstein. Wurzeln, die wie Kunstwerke den Weg säumen. Am Ende der Mathildenstaffel ist der höchste Punkt der Wanderung erreicht, eine Bank lädt zum Verschnaufen ein. Über Wiesenwege geht es weiter über die Hochfläche und bald taucht „Der Teinacher" wieder in den Wald ein, wie auf der gesamten Strecke bestens ausgeschildert.

Ein wilder, verschlungener Pfad führt hinunter in die Schlucht. Wer schon mal einen Blick auf die Burgruine Zavelstein werfen möchte, folgt dem Abstecher zur Berg-Hütte. Die Wolfsschlucht erscheint alles andere als schaurig. Lange Flechten hängen von den Bäumen. Farne und Moossteine sind ringsum zu sehen. Ziemlich verwun-

Blick ins Teinachtal

schen. Nach dem Feierabendbrückle über den Rötenbach führt der Weg wieder aufwärts – Zeit für eine gemütliche Rast in der Schlossberghütte.

Schlossberghütte

Gut gestärkt und gerüstet, folgt der zweite knackige Anstieg dieser Tour zur Burgruine Zavelstein. Vom Turm hat man eine grandiose Weitsicht. Das malerische Städtle war vor dem Zusammenschluss mit Bad Teinach Deutschlands kleinste Stadt.

Das letzte Drittel dieser abwechslungsreichen Tour auf dem Premiumweg „Der Teinacher" führt auf naturbelassenen Pfaden wieder hinab ins Tal und entlang der plätschernden Teinach zurück zum Ausgangspunkt am Freibad.

Info

Lage: ca. sechs Kilometer westlich von Calw

Wanderung:

- Startpunkt ist der Parkplatz am Freibad Badstraße, 75385 Bad Teinach-Zavelstein
- Länge: 11,8 Kilometer, 4,5 Stunden Gehzeit

HINWEIS: Fast alle der Treppen und Stufen unterwegs sind oft unregelmäßig und naturbelassen, häufig auch im Wald, sodass bei Regen und Feuchtigkeit diese recht rutschig sein können, daher wird aus diesem Grunde die Begehung des „Teinachers" in der hier beschriebenen Richtung sehr empfohlen.

22 Kaffeemanufaktur Bad Wildbad

GENUSSVOLLER MUNTERMACHER

Im Aufzug duftet es, als hätte jemand frisch Kaffee aufgebrüht. Stimmt auch. Als sich nach einigen Sekunden im zweiten Stock die Türen öffnen, stehen wir mittendrin – im Kaffeeparadies.

Kaffeemanufaktur Bad Wildbad

Was darf es sein? Ein Kaffee aus Äthiopien, Peru oder Indonesien? Wie wäre es mit Bad Wildbader Bohne oder der Schwarzwaldmischung? Alles klingt lecker, doch heute probieren wir mal die Heimatkreation. Und dazu ein Stückchen aus der Kuchentheke. Nur welches? Auch diese Wahl ist nicht leicht.

Bad Wildbader Bohne oder die Schwarzwaldmischung?

Seit 2017 betreiben Rolf, Rebekka und Franziska Maisenbacher im ehemaligen Postgebäude gegenüber dem Bahnhof von Bad Wildbad ihre Kaffeerösterei. Rebekka kümmert sich als Konditormeisterin um die feine Aus-

Frisch gerösteter Genuss

wahl an Kuchen und Pralinen, die sie nach alten Familienrezepten backt. Barista Franziska ist für den Kaffee zuständig. Beim Rösten in der gläsernen Manufaktur darf man ihr gern über die Schulter schauen. Bei niedrigen Temperaturen von maximal 219 Grad braucht es bis zu 20 Minuten, bis aus dem Rohkaffee die beliebten braunen Röstbohnen geworden sind. Das Röstverfahren ist schonender als bei Industriekaffee und bewahrt möglichst viele von bis zu 800 Aromen, die im Kaffee stecken. Wie beim Wein offenbart sich der Geschmack oft erst beim zweiten Schluck des schwarzen Muntermachers.

Kaffeemanufaktur Bad Wildbad

Den kann man im angeschlossenen kleinen Café frisch genießen, im Sommer auch vor dem Haus in der

Sonne. Etwa 30 Plätze gibt es in der zweiten Etage und weitere im Salon, wo auch Workshops stattfinden, bei denen man selbst Kaffee rösten und viel über Herkunftsländer, Röstung und Aromen lernen kann. Außerdem gibt es regelmäßig Schokoladen-, Pralinen- und Tortenkurstermine.

Zum Kaffee gibt's selbst gemachten Kuchen und Pralinen

Info

Lage: Bad Wildbad ist eine Kurstadt im Landkreis Calw zwischen Pforzheim und Freudenstadt.

Adresse: Kaffeemanufaktur Bad Wildbad, König-Karl-Straße 102, 75323 Bad Wildbad im Schwarzwald

Website: *kaffeemanufaktur-bw.eu*

23 Bad Wildbad

MÄRCHENHAFTES PALAIS THERMAL

Ein Märchen aus 1001 Nacht – im Palais Thermal wird es wahr. Nicht nur wegen der maurisch anmutenden Architektur, die der historischen Therme einen ganz besonderen Charme verleiht.

Erstmals wurde von Graf Eberhard im 14. Jahrhundert in Wildbad ein Badehaus in Auftrag gegeben und im Lauf der Jahrhunderte zu einem wahren Badetempel erweitert. 1847 wurde unter dem Namen Graf-Eberhard-Bad ein Badehaus mit zahlreichen verschiedenen Badebecken nach den Plänen von Nikolaus von Thouret erbaut. Das Gebäude gehört zu den kunstvollsten historischen Thermen, die verschiedenen Pools auf vier Ebenen sorgen für ein einzigartiges Flair.

Palais Thermal

Mehr als eine Million Mosaiksteine zieren die Maurische Halle. Blumenornamente an den Wänden und orientalisch anmutende Marmorsäulen begeisterten schon Mitte des 19. Jahrhunderts die Gäste. Im Erdgeschoss fühlt man sich tatsächlich in einen Hammam versetzt; große und kleine Hallen, Sitz- und Sprudelbecken mit Skulpturen sorgen für eine nahezu private Atmosphäre. Bunt verglaste Jugendstilfenster erfüllen den Raum mit Licht- und Schattenspielen. Baden kann hier jeder, wie er will: nackt oder nicht.

Sonnenterrasse im Palais Thermal

Meditieren oder den Duft aromatischer Zirben inhalieren: In den oberen Etagen befinden sich sieben verschiedene Saunen, dazu ein Römisches Dampfbad, eine Ice-Lounge, Kneipp- und Tauchbecken sowie so stilvolle wie bequeme Courbousier-Liegen zum Ausruhen. Frischluftfans genießen das wohlig warme Wasser im Außenpool auf dem Dach der Therme – mit herrlichem Blick auf den gegenüber liegenden Sommerberg. Und in der Sauna-Lounge darf angeregt geplaudert werden, was in anderen Schwitzhütten als ziemlicher Fauxpas gilt.

Entspannung wie in 1001 Nacht

Stilvoll baden im Palais Thermal

Das Palais Thermal liegt direkt über einer Thermalquelle. Ursprünglich war das Bad so angelegt, dass das Thermalwasser direkt in die verschiedenen Becken fließen konnte, die in den Fels gehauen waren.

Immer wieder wurde das Palais Thermal erweitert und beispielsweise um die Fürstenbäder ergänzt oder die Fenster mit Jugendstilmotiven verziert. 1995 wurde das Palais Thermal nach einer umfassenden Renovierung neu eröffnet. Von seiner Faszination hat der historische Badetempel, der Orient und Okzident verbindet, bis heute nichts verloren.

Wer vor dem Baden etwas aktiv sein möchte: Mit der Sommerbergbahn geht es in wenigen Minuten auf den Berg, wo ein Baumwipfelpfad, ein Märchenweg, eine spektakuläre Hängebrücke, Mountainbike-Trails und wunderschöne Wege durch den Wald keine Outdoorwünsche offen lassen (siehe Tipp 24).

Info

Lage: ca. 20 Kilometer südwestlich von Pforzheim im Enztal

Adresse: Palais Thermal, Kernerstraße 5, 75323 Bad Wildbad.

Website: *palais-thermal.de*

24 Bad Wildbad

HÄNGEPARTIE AM SOMMERBERG

„Ich glaub, ich geh wieder zurück …“. Das denken sich sicher einige Besucher. Zugegeben, ein bisschen Mut braucht es schon, die schwankende Brücke zu betreten. Schließlich schwebt die Wildline rund 60 Meter hoch über dem Boden.

Die Hängebrücke auf dem Sommerberg in Bad Wildbad überquert die Bärenklinge auf einer Länge von insgesamt 380 Metern. Als einzige Hängebrücke dieser Art in Europa ist sie in Bogenform nach oben gebaut. Wer sich traut, wird mit einer phänomenalen Aussicht belohnt.

Wildline Hängebrücke

Überhaupt ist der Bad Wildbader Sommerberg im Nordschwarzwald ein beliebtes Ausflugsziel für Einheimische und Urlauber gleichermaßen. Waren anfangs die Wanderer noch fast unter sich, kamen in den letzten Jahren so nach und nach immer mehr Attraktionen hinzu.

Der Baumwipfelpfad zum Beispiel. Auf diesem kann man den Schwarzwald mal aus einer anderen Perspektive erleben. Auf einem Holzsteg spaziert man etwas mehr als einen Kilometer

Baumwipfelpfad Bad Wildbad

Baumwipfelpfad

lang auf Augenhöhe mit den Baumkronen, ca. 40 Meter über dem Waldboden. Infotafeln erklären, was man vielleicht allein gar nicht wahrnehmen würde. Das Highlight: der spiralförmige Turm am Ende der Tour mit einem 360-Grad-Panorama über den Nordschwarzwald – besonders schön im Herbst, wenn die Bäume sich bunt färben. Wer es rasant mag, kommt auf einer Rutsche wieder nach unten, alle anderen gehen den selben Weg retour.

Auf den Sommerberg kommt man auf zweierlei Art: zu Fuß oder mit der Sommerbergbahn. In weniger als zehn Minuten bringt die 1908 gebaute (und 2011 sanierte) Bahn Gäste vom Zentrum in Bad Wildbad auf das 750 Meter hohe Plateau. Von der Bergstation führen mehrere gut ausgeschilderte Wege zur Hängebrücke oder zum Baumwipfelpfad. Wer mit Kindern unterwegs ist, sollte sich den Märchenpfad „Das kalte Herz" nicht entgehen lassen. Auf 3,2 Kilometer Länge erzählt dieser Familienwanderweg das beliebte Schwarzwaldmärchen. Zudem warten zahlreiche Spielgeräte wie Rutschen, Schaukeln und ein Trampolin im Wald auf die Kleinen zum Toben.

Sommerbergbahn

Wem der Trubel zu viel wird: Herrlich wandern kann man natürlich immer noch auf dem Sommerberg. Zum Beispiel auf der kleinen Sommerbergrunde, ein schöner 40-minütiger Spaziergang. Oder zur legendären Grünhütte, die auf halbem Weg zum Wildsee mitten im Wald liegt. Die hausgemachten Heidelbeerpfannkuchen sind einfach köstlich. Von Kaltenbronn fährt ein Bus zurück nach Bad Wildbad.

Grünhütte

Wer auf den Sommerberg zu Fuß gehen möchte, folgt am besten vom Parkplatz am Sportplatz aus der beschilderten historischen Aufstiegsroute von der Marienruhe.

Info

Lage: oberhalb von Bad Wildbad (Landkreis Calw)

Adresse: Sommerberg,
75323 Bad Wildbad

Websites:

- *bad-wildbad.de/de/sommerberg/*
- *wildline.de*

25 Kaltenbronn

GIVE ME MOOR …

Moor im Schwarzwald? Ja, auf knapp tausend Metern über dem Meer und zwar in Kaltenbronn. Hier liegt eine der touristischen Hauptattraktionen im Naturpark Schwarzwald Mitte/Nord. Die einmalige Hochmoorlandschaft mit dem großen und kleinen Hohlohsee, dem Wildsee und Hornsee schätzen Naturliebhaber und Ausflügler gleichermaßen.

Hohlohturm

Das naturbelassene Hochmoorgebiet auf der Hochebene zwischen Gernsbach und Bad Wildbad gilt als das größte in Deutschland. Einen besonders schönen Ausblick über diese einmalige Landschaft hat man vom Hohlohturm aus – über das Murgtal, den Schwarzwald und bei guter Sicht bis zu den Vogesen in Frankreich. Der Hohlohturm, ehemals Kaiser-Wilhelm-Turm genannt, wurde 1856 aus Holz und 15 Meter hoch erbaut. Der heutige aus Stein misst 28,6 Meter und trotzt bisher selbst Orkanen.

Wildsee

Seit mehr als 60 Jahren steht das Moor auf dem Kaltenbronn unter Naturschutz. Entstanden ist dieses Naturphänomen am Ende der Eiszeit, vor rund 10.000 Jahren, durch reichliche Niederschläge, die auf wasserundurchlässige Buntsandsteinschichten trafen. Die in der Höhe wachsenden Gräser und Moose zersetzten sich nur unvollständig und sorgten für ein ständiges Torfwachstum. Dessen Schicht wurde irgendwann so hoch, dass die Pflanzen keinen Kontakt mehr zum Grundwasser hatten – das Wildseemoor ist heute acht Meter dick.

Durch das Hochmoor führen mehrere befestigte Bohlenwege, auf denen man den Lebensraum vieler seltener Tiere und Pflanzen entdecken kann. Die kostenlose Wegekarte des Gebietes erhält

man beim Infozentrum Kaltenbronn im ehemaligen Forsthaus. Dieses beherbergt eine Ausstellung über die Moorlandschaft. Führungen und Veranstaltungen werden ganzjährig angeboten.

Die Pflanzen im Hochmoor sind wahre Überlebenskünstler, nur wenige kommen mit den sauren, nährstoffarmen und kühlen Bedingungen so zurecht wie Torfmoose, Rosmarinheide, das Scheidige Wollgras oder die Moosbeere, die man am Weg entdecken kann. Der Kaltenbronn, wie das Naturschutzgebiet allgemein genannt wird, gehört zu den schönsten Wandergebieten im Schwarzwald: stille Wälder und die Seen verströmen eine ganz magische Atmosphäre. Es lohnt sich daher, bei einer kleinen Rast auf den Bänken am Bohlenweg die Natur auf sich wirken zu lassen.

Hochmoor Kaltenbronn

Der Kaltenbronn ist außerdem das größte Bannwaldgebiet in Baden-Württemberg. Hier kann sich die typische Natur des Hochschwarzwaldes frei entfalten – frei von Eingriffen durch die Menschen. Das heißt, kein Baum wird gefällt, kein Holz entnommen: Der Urwald von morgen entsteht.

Lage: Das Hochmoor Kaltenbronn liegt zwischen Gernsbach und Bad Wildbad.

Website: *gernsbach.de/pb/793013.html*

HINWEIS: Die zweite Etappe des Schwarzwald-Westweges von Pforzheim nach Basel führt direkt am Moor vorbei.

Info

Der Süden

Abendstimmung im Herbst

Der Süden

26. Schäferlauf in Wildberg: Tradition und Volksfest
27. Wildberg: übernachten im Bienenstock
28. Nagoldtalradweg: gemütliche Radtour auf vielen Etappen
29. Schwarzwaldperle Nagold: Fachwerkstadt mit Burg und Stocherkahn
30. Nagoldtalsperre: Paradies für Naturliebhaber und Wassersportler
31. Altensteig: Postkartenidylle am Sonnenhang
32. Forbach im Murgtal: unterwegs auf dem Glücksweg
33. Huzenbacher See: zu jeder Jahreszeit lohnend
34. Berghütte Lauterbad: urige Einkehr
35. Bad Rippoldsau: Alternativer Bären- und Wolfspark
36. Alpirsbacher Klosterbräu: „bestes Bier der Welt"

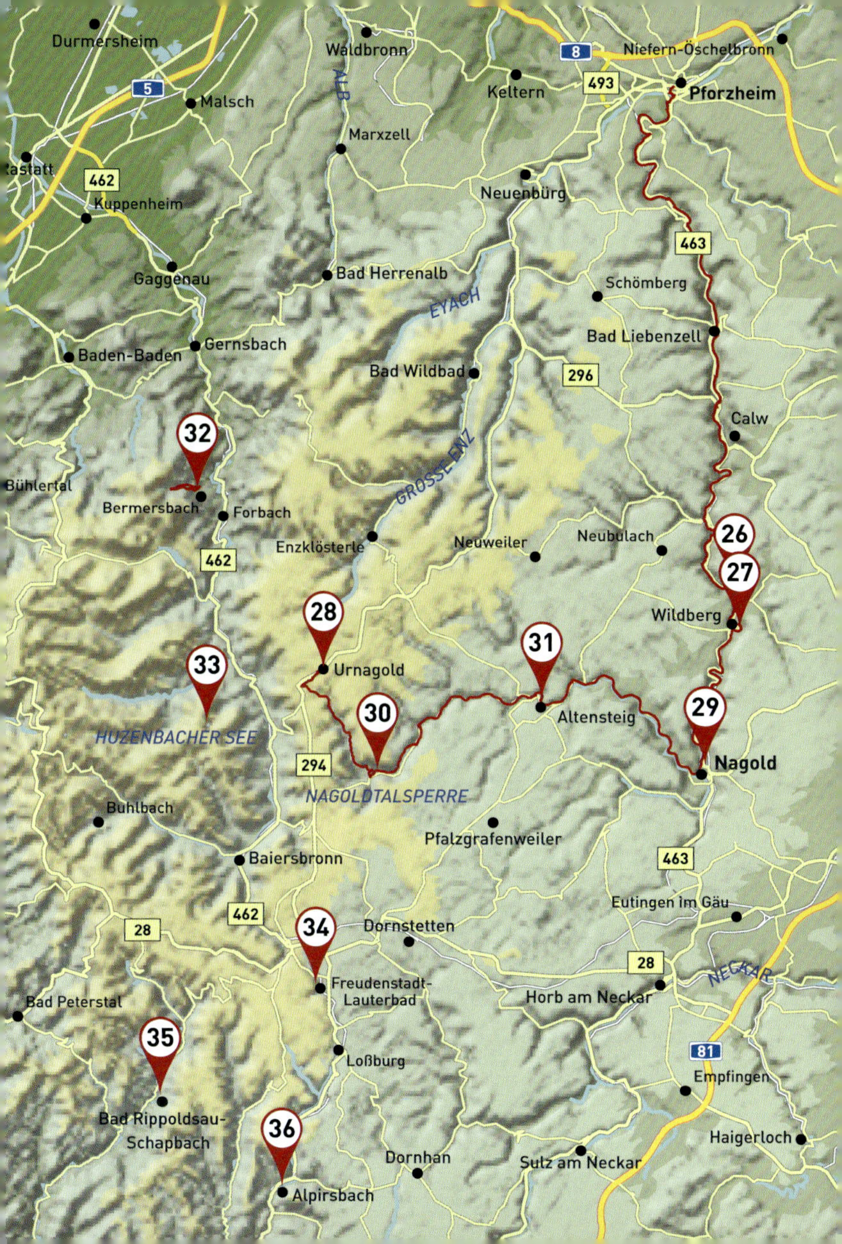
Durmersheim
Waldbronn
Niefern-Öschelbronn
Pforzheim
Malsch
Keltern
Marzxell
Rastatt
Kuppenheim
Neuenbürg
Gaggenau
Bad Herrenalb
Schömberg
EYACH
Bad Liebenzell
Baden-Baden
Gernsbach
Bad Wildbad
Calw
GROSSE ENZ
Bühlertal
Bermersbach
Forbach
Enzklösterle
Neuweiler
Neubulach
Wildberg
Urnagold
Altensteig
Nagold
HUZENBACHER SEE
NAGOLDTALSPERRE
Buhlbach
Pfalzgrafenweiler
Baiersbronn
Eutingen im Gäu
Dornstetten
Freudenstadt-Lauterbad
Horb am Neckar
NECKAR
Bad Peterstal
Loßburg
Empfingen
Bad Rippoldsau-Schapbach
Haigerloch
Dornhan
Sulz am Neckar
Alpirsbach
26
27
28
29
30
31
32
33
34
35
36

26 Schäferlauf in Wildberg

TRADITION UND VOLKSFEST

Mitten im Nagoldtal, an den steilen Berghängen des Nördlichen Schwarzwalds, liegt Wildberg, besser bekannt als Schäferlaufstadt. Der Schäferlauf, der so übrigens auch in Bad Urach und in Markgröningen stattfindet, ist ein Wettlauf, der von Schäferinnen und Schäfern barfuß auf einem Stoppelfeld oder einer Wiese ausgetragen wird. Alle zwei Jahre wird diese traditionelle Veranstaltung organisiert.

Schäferlauf

Das heutige Volksfest gibt es bereits seit Mitte des 15. Jahrhunderts. Hervorgegangen ist der Brauch aus den damaligen Zunfttreffen in Markgröningen. Dabei ging es keineswegs um Volksbelustigung, vielmehr wurde alles Wichtige, was die Schäferzunft bewegt, verhandelt und besprochen, es herrschte Anwesenheitspflicht. Später wurde das Zunfttreffen aufgeteilt, um den Reiseaufwand und die Risiken zu minimieren. Wildberg war einer der „neuen" Orte.

Brauchtum und ...

... Volksfest

Heute ist der Schäferlauf das größte historische Brauchtums- und Heimatfest im Nordschwarzwald. Die mehr als 500 Jahre

Schäferlauf

alte Tradition wurde von der UNESCO zudem als Weltkulturerbe ausgezeichnet. Die malerische Fachwerkstadt verwandelt sich alle zwei Jahre im Juli in allen Winkeln und Gassen in ein pulsierendes Fest mit einem historischen Umzug, dem Krämermarkt sowie dem Schäfer- und Handwerkermarkt. Höhepunkt des Festes ist das barfüßige Wettrennen der Schäfermädchen und Schäfer über das 300 Schritt lange Stoppelfeld um die Schäferkrone.

Barfußwettrennen übers Stoppelfeld

Aber auch wenn gerade kein Schäferlauf stattfindet, lohnt ein Stadtrundgang entlang der alten Stadtmauer durch Wildberg, das außerdem direkt am Nagoldtalradweg liegt. Sehenswert sind das historische Kloster Reuthin aus dem 13. Jahrhundert sowie die Schlossanlage. Hier finden regelmäßig Kulturveranstaltungen statt wie beispielsweise die Wildberg „Classic Open".

Wer will, kann „Auf den Spuren des Schäfers" rund um Bad Wildberg wandern und dabei in die faszinierende Landschaft des Nördlichen Schwarzwalds eintauchen.

Wildberg im Nagoldtal

Lage: Wildberg liegt etwa 15 Kilometer südlich von Calw.

Websites:

- *schaeferlauf-wildberg.de*
- *wildberg.de*

Info

27 Wildberg

ÜBERNACHTEN IM BIENENSTOCK

Eine ganz besondere Übernachtungsstätte ist dieser Bienenwagen. Etwas eng, aber durchaus gemütlich. Und ziemlich warm: 36 Grad erreichen die Temperaturen im Sommer in einem Bienenstock. Um diese konstant zu halten, steuern die Bienen mit ihren Flügeln, wie viel Luft herein kommt und austritt. Klingt wie ein kleiner Ventilator, doch die Bienen erzeugen das Geräusch allein mit ihren Flügeln. Betreiben ihre eigene Klimaanlage sozusagen. Dieser Luftstrom ist gesättigt von verschiedenen Stoffen wie Honig, Propolis, der Kittharz der Bienen, Pollen und Wachs. Die sogenannte Bienenstockluft duftet nicht nur angenehm, sondern wirkt beruhigend und heilsam bei verschiedenen Beschwerden. Oder sorgt einfach für einen erholsamen Schlaf.

Ein Mix aus Honig und Bienenwachs füllt den Raum, der Atem wird ruhig, die Nase frei. Ein gleichmäßiges Summen sorgt für den passenden Soundtrack zum Einschlafen. Und man ist nicht allein. Fünf Königinnen und schätzungsweise eine Viertelmillion fleißiger Bienen teilen das Domizil mit dem Übernachtungsgast. Sehen kann man sie nicht alle, hören schon.

Angst gestochen zu werden, muss man keine haben, im Wageninneren verhindern feinmaschige Netzgewebe, dass die Bienen versehentlich zum „falschen Ausgang" aus dem Stock fliegen. Die eigentliche Einflugschneise befindet sich auf der

Dufte: übernachten im Bienenwagen

Rückseite des Wagens, wo tagsüber ein reger Betrieb herrscht. Nektar finden die Bienen im Sommer reichlich auf den Wiesen und in den Wäldern im Nagoldtal. Damit tragen die Honigbienen „ganz nebenbei" zur Erhaltung der Artenvielfalt bei, denn viele andere Lebewesen profitieren direkt oder indirekt von der Bestäubung durch die Insekten.

An der Rede von den fleißigen Bienen ist durchaus was dran. In ihrem kurzen Leben muss vor allem eine Arbeitsbiene viele Aufgaben erledigen: Putzfrau, Amme, Baumeisterin, Köchin, Wachsoldatin bis hin zur Wärterin der „Klimaanlage" im Bienenstaat. Und schließlich muss sie auch noch Nektar sammeln, der dann zu Honig verarbeitet wird – eine ziemlich aufwendige Sache.

Bienenstock neben dem Bett

Für 100 Gramm Honig muss die kleine Biene rund eine Million Blüten besuchen und sammelt dabei Nektar, der bis zu einem Drittel ihres Körpergewichts wiegt.

Zum Bienenwagen gehört eine kleine Terrasse, das Frühstück kann man dazu buchen und morgens ab acht Uhr auf dem Campingplatz nebenan abholen. Auch die Sanitäreinrichtungen stehen den Bienenwagengästen zur Verfügung, denn Wasser gibt es keines im Bienenwagen.

Der Bienenwagen steht direkt am Nagoldtalradweg. Wer also den rund hundert Kilometer langen Weg in zwei Tagesetappen fahren möchte, findet dort eine etwas andere Übernachtungsmöglichkeit. Und wer will, kann sich herrlich entspannen bei einer Honig-Massage, die Bienenwagenchefin und Naturheilpädagogin Elke Melchger anbietet.

Bett im Bienenwagen

Das Frühstück holt man nebenan auf dem Campingplatz

Info

Lage: ca. 15 Kilometer südlich von Calw, direkt am Nagoldtalradweg

Adresse: Bienenwagen im Schäferwagenhotel Wildberg, Kontakt: Elke Melchger, Talstraße 62, 72218 Wildberg

Website: *naturheilpraxismelchger.de/bienenwagen*

28 Nagoldtalradweg

GEMÜTLICHE RADTOUR AUF VIELEN ETAPPEN

Flussabwärts ganz entspannt dem rauschenden Wasser folgen. Steigungen? Nicht der Rede wert. Die herrliche Landschaft im Nagoldtal durchaus. Der Nagoldtalradweg ermöglicht eine entspannte E-Biketour durch den Nordschwarzwald, die selbst ausgesprochene Radmuffel in Drahtesel-Enthusiasten verwandelt.

Natürlich könnte man die knapp hundert Kilometer von der Nagoldquelle bis zur Mündung in die Enz in einem Ritt schaffen. Mit einem E-Bike sowieso. Doch das wäre schade, denn dann hätte man kaum einen Blick für die schöne Landschaft und die Sehenswürdigkeiten im Nagoldtal, die an der Strecke liegen und so manchen Stopp lohnen.

Auf dem Nagoldtalradweg

Wildberg

Deshalb empfiehlt es sich, nicht am Nagoldursprung in Besenfeld-Urnagold zu starten, sondern die besonders idyllische Etappe von Nagold bis nach Bad Liebenzell zu fahren. Mit knapp 40 Kilometern und einer geschätzten reinen Fahrzeit von etwa drei Stunden ist dieser Abschnitt nicht nur besonders schön, sondern auch für ungeübte Radler ein Vergnügen. Was man bis dahin auf dem Nagoldtalradweg verpasst: einen Stausee, die Nagoldtalsperre, einen der größten Wasserspeicher in Baden-Württemberg, oder Altensteig mit seiner pittoresken Altstadt, die atemberaubend steil am Hang über dem Fluss klebt.

Vorm Tourstart im hübschen Fachwerkstädtchen Nagold lockt ein kleines Frühstück im Café Aprilmädchen mit belegten Broten und Kaffee – so viel Zeit muss sein. Gut gestärkt folgt man der bestens ausgeschilderten Route zunächst durch den Stadtpark Kleb hinaus aus der Stadt. Nicht lange und der Radweg überquert die

Nagold auf einer fotogenen Holzbrücke, auf der Etappe wechselt dieser insgesamt fünf Mal die Uferseite. Mal folgt die Route rechts dem Fluss, mal links.

Nach knapp zehn Kilometern durch die malerische Schwarzwaldlandschaft kommt Wildberg in Sicht. Wer den Nagoldtalradweg in voller Länge fahren und das Ganze auf zwei Tage aufteilen will, findet kurz vor dem Ortseingang eine ganz besondere Übernachtungsmöglichkeit: das Schäferwagenhotel, zu dem auch ein Bienenwagen gehört (siehe Tipp 27).

Nagoldbrücke

Direkt am Nagoldtalradweg liegt die ehemalige Klosteranlage Maria Reuthin. Im Zentrum des ehemaligen Dominikanerinnenklosters befindet sich das Heimatmuseum. Sehenswert sind auch die steinerne Hirsch-Brücke, der Arrest- und der Hexenturm an der historischen Stadtmauer ganz in der Nähe. Entlang der Nagoldschleife um die Stadt geht es Richtung Calw, dem nächsten Ziel. Ein Sieben-Kilometer-Abstecher ins Teinachtal klingt verlockend, doch das wäre schon wieder ein extra Ausflugsziel für sich.

Der Nagoldtalradweg verläuft meist parallel zur Straße, die man über weite Teile der Strecke jedoch kaum sieht oder hört. Nur ein kurzes Stück muss man auf der B463 fahren. Und bald schon ist Calw erreicht. Kaffee und Heidelbeerkuchen (oder doch lieber Schwarzwälder Kirschtorte?) schmecken wunderbar; ein Literaturspaziergang in der Geburtsstadt des Dichters Hermann Hesse führt zu markanten Orten.

Kloster Reuthin

An Klöstern mangelt es im Nordschwarzwald nicht, allein zwei liegen auf dieser Etappe des Nagoldtalradweges: Reuthin und Hirsau. Das Kloster Hirsau, beziehungsweise dessen Vorläufer St. Aurelius, war eine bedeutende Benediktinerabtei im Nordschwarzwald und zeitweise eines der bedeutendsten Klöster in Deutschland. Zum Zeitpunkt seiner Errichtung im späten 11. Jahrhundert war St. Peter und Paul das baulich größte Kloster im deutschsprachigen Raum. Von Hirsau ging eine ganze Reihe von Klostergründungen aus (siehe Tipp 15).

Bis nach Bad Liebenzell, dem Ziel auf dem Nagoldtalradweg, ist es nun nicht mehr weit und zum Kurpark samt Paracelsus-Therme ist schnell geradelt. Jetzt noch etwas im warmen Thermalwasser und/oder in der Sauna relaxen – welch ein gelungener Tag!

Info

Nagoldtalradweg: Gesamtstrecke: 95 Kilometer von Urnagold-Besenfeld bis Pforzheim, Aufstieg: 152 Höhenmeter, Abstieg 672 Höhenmeter, Schwierigkeit: mittel

Website: *schwarzwald-tourismus.info/erleben/radfahren/tourenrad-und-e-bike/fernradwege/nagoldtal-radweg*

29 Schwarzwaldperle Nagold

FACHWERKSTADT MIT BURG UND STOCHERKAHN

Bunt, üppig und einladend, so präsentiert sich Nagold. Blumenkübel, Fachwerk – Nagold ist ein zauberhaftes Städtchen und seit der Landesgartenschau ein echtes Juwel. Rund um die Marktstraße mit dem Urschelbrunnen reihen sich hübsche Cafés.

Nagolder Marktstraße

Um die „wüste Urschel“, die Grafentochter von der Burg Nagold, der Marktbrunnen seinen Namen verdankt, rankt sich eine Sage. Tatsächlich aber symbolisiert die Brunnenfigur den Schildhalter für das Nagolder Stadtwappen und war ursprünglich eine Engelsfigur. Das Original steht heute im Foyer des Nagolder Rathauses. Die Steine für den 1747 erbauten Brunnen stammen aus dem nahen Altensteig.

Nagold

Beim Rundgang durch die Stadt trifft man auf mehrere Brunnen, die alle ziemlich hübsch sind, wenn auch nicht so sagenumwoben wie der Urschelbrunnen. Wie die vielen Brunnen vermuten lassen: Wasser gibt es reichlich in Nagold. Die Flößerei war

Brunnen in Nagold

Stocherkahn auf der Nagold

einst ein bedeutender Wirtschaftszweig. Heute kann man am Fluss Nagold herrlich entspannen, zum Beispiel im Stadtpark Kleb mit Blick auf die Ruine Hohennagold, die hoch über der Stadt thront.

So uneinnehmbar wie es scheint ist diese gar nicht, ein kurzer Fußmarsch von etwa 20 Minuten und schon liegt uns das Nagoldtal zu Füßen. Und rings umher jede Menge anderer „Gipfel", die der 7-Berge-Weg verbindet.

Wieder unten angekommen, wartet noch eine andere Attraktion auf dem Wasser: eine Fahrt mit dem Stocherkahn. Kann man buchen, aber manchmal am Wochenende, wenn man Glück hat, nimmt der Stocherkahnkapitän auch Gäste einfach so am Ufer auf. Schaukeln, Füße ins Wasser halten, nach ein paar Minuten ist die anfängliche Angst vor dem Kentern verflogen. Fast lautlos gleitet man auf der Nagold zwischen den zwei Wehren. Eine schöne kleine Auszeit. Ausklingen lassen kann man den Tag mit einem feinen Essen im Restaurant „Alte Post" oder bei einem Drink im Inselcafé.

Info

Lage: Nagold liegt rund 30 Kilometer nordöstlich von Freudenstadt.

Websites:

- *nagold.de*
- *stocherkahn-nagold.de*

30 Nagoldtalsperre

PARADIES FÜR NATURLIEBHABER UND WASSERSPORTLER

Einer der größten Stauseen in Baden-Württemberg liegt im Nordschwarzwald: die Nagoldtalsperre im oberen Nagoldtal. Umgeben von einem 650 Hektar großen waldreichen Landschaftsschutzgebiet, finden Naturliebhaber und Freizeitsportler hier zwischen Altensteig und Freudenstadt gleichermaßen reichlich Platz.

Nagoldtalsperre

Wassersportbegeisterte können auf dem Hauptsee Windsurfen oder Segeln, das zwischen April und September erlaubt ist. Ruderboote kann man an der Bootsanlegestelle beim Kiosk am Vordamm ausleihen, dort befindet sich auch mehrere Beachvolleyballfelder. Angeln (mit gültigem Fischereischein kann man eine Anglerkarte für den See kaufen) und sogar Tauchen ist möglich in dem 35 Meter tiefen Stausee. Zum Baden ist das Vorbecken freigegeben. Eine riesige Liegewiese lädt zum Sonnen und Entspannen ein. Zum Grillen oder für Lagerfeuer stehen feste Feuerstellen bereit.

Rundweg um den Stausee

Um die Nagoldtalsperre führt ein schöner, gut ausgebauter Weg mit Sitzbänken und einem Aussichtsturm am Infopavillon, von dem aus man die zahlreichen Wasservögel beobachten kann, die

Ausflugsziel Nagoldtalsperre

hier heimisch sind. Ein Highlight ist der Eisvogelpfad mit dem integrierten Wasserspielgelände. Ganz spielerisch lassen sich auf hundert Meter Länge das Tal, der Fluss und deren tierische Bewohner entdecken. Mit ganz viel Glück kann man den vielleicht schönsten Vogel, den Eisvogel, auch live sehen.

Eisvogelpfad

Für Radler gibt es ein gut beschildertes Radwegenetz von insgesamt 800 Kilometern inklusive verschiedener Rundtouren zwischen 18 und 32 Kilometer Länge für jedes Konditionslevel.

Gebaut wurde die Nagoldtalsperre 1965 (und 1971 in Betrieb genommen) als Hochwasserschutz nach mehreren Überschwemmungen in den Jahrzehnten zuvor. Heute ist die Talsperre außerdem ein umweltfreundlicher Stromlieferant. An 300 Tagen im Jahr erzeugt die Turbine am Fuß des Staudamms rund hundert Kilowatt Strom aus Wasserkraft.

Nach einer schönen Wanderung oder Radtour kann man im Gasthof Seeheiner mit schöner Terrasse direkt am See einkehren.

Lage: nordwestlich von Freudenstadt

Adresse: Nagoldtalsperre, 72297 Seewald

Websites:

- *seewald.eu/index.php?id=30*
- *seeheiner.de*

Info

31 Altensteig

POSTKARTENIDYLLE AM SONNENHANG

Manchmal muss man ein Stück weggehen, um zu sehen, wie schön es ist, wo man war. Den schönsten Blick auf Altensteig hat man von außerhalb – und zwar genau gegenüber der Altstadt.

Wie auf einer Modellbahn scheinen die Fachwerkhäuschen förmlich am Hang zu kleben. Im Frühling umrahmt von den blühenden Bäumen, an sonnigen Winternachmittagen glitzert Schnee auf den Dächern – welch eine Postkartenidylle! In der modernen Glasfassade des heutigen Rathauses spiegelt sich die Silhouette der Altstadt, ein schönes Fotomotiv. Von der zentralen Poststraße kommt man am besten zu Fuß hoch zum Schloss, allerdings geht es ganz schön steil nach oben in die Altstadt.

Steil und eng: Gassen in Altensteig

Fachwerkidylle in Altensteig

Hoch über der Stadt wacht das romantische Altensteiger Schloss mit seinen beiden Rundtürmen, die im Volksmund „Himmel“ und „Hölle“ genannt werden. Der eindrucksvolle Wohnturm gilt als einzige bis heute unzerstörte Burg des Schwarzwalds.

Stadtführer Martin weiß viele Geschichten zu erzählen, über die Geschichte des Ortes, über die Flößerei, die am Oberlauf der

Nagold seit dem 14. Jahrhundert eine wichtige Rolle gespielt hat, bis zum Bau der Eisenbahn Anfang des 20. Jahrhunderts. Die Monhardter Wasserstube unterhalb von Altensteig an der Nagold zeugt noch von der Altensteiger Flößerei. Oben im Schloss gibt es ein Modell, wie die Flöße früher aussahen. Das kann man sich kaum noch vorstellen: bis zu 800 Meter lang war so ein Gefährt, auf dem die Flößer das Holz schipperten – vom

Bäck-Schwarz ...

... uriges Wirtshaus aus dem 15. Jahrhundert

Schwarzwald über Enz, Neckar und Rhein bis nach Rotterdam.

Eines der ältesten Häuser in Altensteig ist die urige Wirtschaft Bäck-Schwarz. Der imposante Fachwerkbau stammt aus dem Jahr 1459 und hat auch schon den einen oder anderen prominenten Gast gesehen. So soll unter anderem Udo Lindenberg immer wieder gern hier einkehren, erzählt die Wirtin.

Im Altensteiger Schloss ist ein Museum untergebracht, das kurzweilig die Heimatgeschichte erzählt, besonders liebevoll ist auch die Sonderausstellung im Advent. Zu Weihnachten findet in Altensteig ein außergewöhnliches Ritual statt. An Heiligabend um 18 Uhr werden auf dem Helles- und dem Schlossberg mehrere Meter hohe Holzstöße entzündet. Einheimische und Gäste schwenken dazu Handfackeln oder selbst gefertigte Riesenfackeln. Im Sommer finden in der stimmungsvollen Kulisse des Schlosshofes verschiedene Vorstellungen im Open-Air-Kino statt.

Der von Altensteig nicht weit entfernte Nagoldursprung ist Ausgangspunkt für eine abwechslungsreiche Tour auf dem Nagoldtalradweg oder für schöne Wandertouren beispielsweise über Berneck, wo man beim Naturparkwirt „Rössle" einkehren sollte. Der liegt direkt am Wanderweg Augenblickrunde, die am Marktplatz Altensteig-Berneck startet. Der Naturparkteller mit Fleischküchle und Kartoffelsalat oder die traditionelle Hochzeitssuppe schmecken einfach wunderbar.

Fachwerkromantik

Info

Lage: Altensteig liegt zwischen Calw und Freudenstadt.

Websites:

- *altensteig.de*
- *baeck-schwarz.de*
- *roessle-bernau.de*

32 Forbach im Murgtal

UNTERWEGS AUF DEM GLÜCKSWEG

Das Glück liegt am Wegesrand, heißt es. Ob das stimmt, kann man im Murgtal herausfinden. In Bermersbach, einem Ortsteil von Forbach, gibt es einen Glücksweg durch ein tief eingeschnittenes Tal mit sattgrünen Wiesen und grasenden Schafen, durch das sich ein Bach schlängelt. Zusammen mit den weißen Blüten der Obstbäume im Frühling ein Postkartenmotiv. Allein dieser Anblick macht glücklich.

Auf Tour mit dem Salamander: Natur spielerisch entdecken

Ideal ist der Glücksweg für einen Familienausflug, vor allem, wenn die Kinder eigentlich gar nicht so gern laufen. Auf dem Glücksweg vergessen sie das schon nach kurzer Zeit. Los geht es am besten vom Murgtal-Museum aus. Wenn der kurze, steile Anstieg aus dem Dorf gemeistert ist, beginnt das Abenteuer für die Kinder. Auf dem Weg mit den Tierskulpturen stellt sich ein kleiner Salamander vor und bietet sich als Begleiter an auf der Suche nach dem Glück. Immer wieder gibt es kleine Rätsel oder etwas zu suchen. Mal die Frösche, die am Bach hocken und quaken, mal die kleine Schnecke, die über einen Stein kriecht. Die Figuren am Weg sind mit Liebe gestaltet und motivieren gerade die Kleinsten weiterzulaufen. Wer aufmerksam unterwegs ist, kommt Stück für Stück dem Glück etwas näher, mehr soll an dieser Stelle nicht verraten werden.

Glücksweg

Heuhütten am Weg

Für Pausen sorgen Bänke am Weg und eine kleine sogenannte Heuhütte. Diese wurden einst von Südtiroler Bauern gebaut, die ins Murgtal kamen. Vielleicht weil sie die Landschaft doch ein bisschen an ihre Heimat erinnerte. Ein schöner Platz für eine Rast befindet sich nicht nur am Bach, sondern auch am etwas oberhalb gelegenen Wasserfall. Auf dem Rückweg kann man mit etwas Glück auch echte Tiere im Rotwildgehege beobachten.

Bermersbach liegt in einem kleinen Seitental der Murg, etwa drei Kilometer nordwestlich von Forbach auf einem Bergrücken – auf der Sonnenterrasse des Murgtals, wie die Einheimischen sagen.

Bermersbach

Info

Lage: im Murgtal, ca. 25 Kilometer nördlich von Baiersbronn

Adresse des Ausgangspunktes: Haulerstraße 15, 76596 Bermersbach/Forbach

Website: *schwarzwald-panoramastrasse.de/Media/Touren/Wandererlebnis-Bermersbach-Bermersbacher-Gluecksweg*

33 Huzenbacher See

ZU JEDER JAHRESZEIT LOHNEND

Die schönste Zeit? Schwer zu sagen, vielleicht im Spätsommer, wenn die Heide lila blüht und reife Brombeeren schwarz in der Sonne glänzen. Aber auch im Juli zeigt sich der Huzenbacher See von einer malerischen Seite, dann blühen gelbe Seerosen im Wasser und an den Heidelbeersträuchern hängen saftige, hocharomatische blaue Beeren. Im Herbst setzt ein wahrer Farbenrausch die Landschaft in Szene.

Huzenbacher See

Egal, wann man herkommt, eines sollte man mitbringen: Zeit. Sich auf eine der Bänke am Ufer setzen und der Natur lauschen. Die Libellen beobachten. Die mächtigen Schwarzwaldtannen bestaunen, die den See umrahmen und die bis zu 160 Meter hohen Karwände. Nichts als Stille liegt in der Luft, nur das Wasser kräuselt sich an diesem Septembertag.

Preiselbeeren

Der Huzenbacher See ist ein magischer Ort, um den sich so manche Sage rankt. Wie die, dass der See eine Pforte in eine unterirdische Welt der See- und Wassergeister sei.

Perfekt für eine Rast

Der 74 Meter hoch gelegene Karsee entstand während der letzten Eiszeit vor etwa 25.000 bis 30.000 Jahren, als Gletscher kleine Wasserbecken herausschälten. 1895 staute die Forstverwaltung den Huzenbacher See mit einem kleinen Wehr an, um den See für den Transport von in der Nähe abgeholzten Bäumen zu nutzen. Dabei stieg der Wasserspiegel um zwei Meter an, der Seeboden löste sich vom Untergrund. Genau das macht ihn heute so besonders: die kleine, schwimmende Insel mit vielen verschiedenen Pflanzen.

Schwimmende Insel im Huzenbacher See ...

Einen sensationellen Blick auf den Huzenbacher See hat man von oben. Auf einem felsigen Pfad voller Wurzeln geht es steil hinauf bis zum Forstweg, der linker Hand zum Aussichtspunkt führt und mit einem atemberaubenden Panorama belohnt.

... ein sagenumwobener Ort

Lage: Der Huzenbacher See liegt im Murgtal, ca. 15 Kilometer nördlich von Baiersbronn.

Website: *baiersbronn.de/de-de/der-huzenbacher-see*

Info

34 Berghütte Lauterbad

URIGE EINKEHR

Alpiner Lifestyle mitten im Nordschwarzwald? Das geht – und zwar in Lauterbad nahe Freudenstadt. Dort steht inmitten prächtiger Schwarzwaldtannen eine urige Hütte, die so auch in den Alpen begeistern würde. Von der Terrasse bietet sich eine traumhaft weite Aussicht über den Schwarzwald bis hin zur Schwäbischen Alb.

Berghütte Lauterbad

Hüttenbratwurst

Dass urig und modern sich keineswegs ausschließen, beweist schon das Ambiente. In stylishem Grau mit lilafarbenen und weißen Petunien begrüßt die Berghütte Lauterbad direkt am Skihang Stockinger ihre Gäste. Zu essen gibt es Klassiker wie Hüttenbratwurst, Linseneintopf oder Vesperbrett, aber auch den Fritz-Burger vom heimischen Wild, Vegetarier bekommen mit dem Inge-Burger eine pflanzenbasierte Variante mit Buchweizen-Karotten-Bratling. Dazu Drinks im modernen Schwarzwald-Style oder regionale Weine, aus der Ortenau beispielsweise.

Premiumwanderweg Tannenriesen

Das Publikum ist ganz gemischt – vom Ausflügler bis zum Wanderer, von Familien bis zum Rentner oder jungen Paaren. Was sicher auch daran liegt, dass es vom Parkplatz Zollernblick bis zur Hütte nur einen kleinen, etwa 25-minütigen Spaziergang durch den Wald weit ist. Der Weg führt in mehreren Serpentinen bergauf – und endet für die meisten mit einer Einkehr.

Wanderbarer Nordschwarzwald

Wer will, kann zunächst noch ein wenig die aromatische Waldluft genießen und auf dem nahezu ebenen Premiumwanderweg Tannenriesen eine gemütliche Runde drehen. Wenn immer wieder von Kraftorten die Rede ist, hier könnte so einer sein. Es duftet nach Holz und Harz, Vögel zwitschern um die Wette, das Moos unter den Füßen wirkt wie ein weicher Teppich und wilde Heidelbeeren oder Brombeeren laden zum Naschen ein. Wer will, macht noch einen Abstecher zur Großvatertanne, die mehr als 300 Jahre alt und 47 Meter hoch ist und einen Stammumfang von mehr als fünf Meter hat. Alternativ bietet sich eine mit sechs Kilometern kleine Runde um den Kienberg an, bei der die Berghütte Lauterbad direkt am Weg liegt.

Info

Lage: ca. zwei Kilometer außerhalb von Freudenstadt.

Adresse: Berghütte Lauterbad, Am Zollernblick 1, 72250 Freudenstadt-Lauterbad

Website: *berghuette-lauterbad.de*

35 Bad Rippoldsau

ALTERNATIVER BÄREN- UND WOLFSPARK

Franca läuft im Kreis. Manchmal stundenlang. Sie hat reichlich Platz und doch dreht sie ihre Runden so eng wie ihr früheres Zuhause gewesen ist. Als sie von Schaustellern in einem dunklen Verlies gefangen gehalten wurde.

So wie Franca hat jeder der Bewohner im Alternativen Wolfs- und Bärenpark im Schwarzwald seine Geschichte. Eine ziemlich traurige meist. Sie lebten weder artgerecht, noch wurden sie gut behandelt.

Franca hat ein neues Zuhause gefunden

Am kleinen Teich necken zwei übermütige, junge Bären Jurka, die in der Sonne döst. Respekt zeigen sie allerdings und suchen das Weite, sobald die betagte Bärin sich erhebt. Arthos und Arian mussten in Albanien am Strand, in Ketten gelegt, als niedliche Touristenattraktion für Selfies posieren. Heute entscheiden die Bären selbst, ob und wann sie sich zeigen.

Die beiden fühlen sich wohl im Alternativen Bären- und Wolfspark

Alternativer Bären- und Wolfspark Bad Rippoldsau

Der Alternative Bären- und Wolfspark ist kein Tierpark und erst recht kein Zoo. Auf rund zehn Hektar leben momentan acht Bären, ein Wolfsrudel und zwei Luchse. Im unwegsamen Gelände, das der Wildnis so gut wie möglich nachempfunden ist, gibt es jede Menge Rückzugsmöglichkeiten und Abwechslung. Und für Besucher einen Rundweg um das große Gehege. Wer ein biss-

chen Geduld mitbringt, hat jedoch gute Chancen, die Wildtiere zu beobachten, wie sie planschen, raufen oder schnarchen – wenn auch ohne Garantie.

Auch Agonis wurde als Welpe von seiner Mutter getrennt und in einem Restaurant zur Gästebelustigung angekettet. Darunter leidet er bis heute – wie das Nuckeln an seiner Tatze zeigt, das Besucher aber unbedingt ignorieren sollten, so rührend es wirken mag.

Im Alternativen Bären- und Wolfspark im Schwarzwald haben die Bären eine neue Heimat gefunden, ebenso wie ein kleines Rudel Wölfe, die als Hunde gehalten wurden. Zwar sind sie auch im Schwarzwald nicht ganz frei, leben aber doch so artgerecht wie möglich. Ein eigenständiges Leben in der Wildnis würde wohl keiner von ihnen mehr schaffen und die Freiheit nicht lange überleben. Zu sehr hat ihre Vergangenheit im Zirkus und in Gefangenschaft die Tiere geprägt und teils auch verstört. Der Schwarzwald-„Altersruhesitz" ermöglicht ihnen zumindest eine unbeschwerte Zukunft.

Wolfsrudel im Schwarzwald

Betrieben wird das etwas andere Tierschutzprojekt von der Stiftung für Bären, die sich unter anderem für ein Verbot von Wildtieren in Zirkussen einsetzt sowie Bären, Wölfe und Luchse aus schlechter Haltung befreit. Seit 2010 gibt es das Projekt im Schwarzwald und leider besteht noch immer eine große Nachfrage, misshandelte Tiere unterzubringen. Eine Erweiterung der Anlage soll demnächst Abhilfe schaffen, auch wenn es nur ein Tropfen auf den heißen Stein ist: Rund 20.000 Tierschutzfälle registrieren die Einrichtungen des Netzwerkes EARS – pro Jahr.

Vesper für die Besucher gibt es im Bärenkiosk

Jeder Bär hat seine eigene Geschichte

Mit den Wölfen verstehen sich die Bären gut, auch wenn diese ihnen manchmal das Futter streitig machen und verstecken. Gefüttert wird übrigens unregelmäßig und an verschiedenen Stellen, sodass die Tiere sich dieses selbst suchen müssen. Ganz wie in der echten Wildnis.

Info

Lage: zwischen Bad Peterstal-Griesbach und Freudenstadt

Adresse: Alternativer Wolf- und Bärenpark, Rippoldsauer Straße 36/1, 77776 Bad Rippoldsau-Schapbach

Website: *baer.de/projekte/alternativer-wolf-und-baerenpark-schwarzwald*

36 Alpirsbacher Klosterbräu

„BESTES BIER DER WELT“

„Emil Stopp!“, mahnt das Schild im Hof der Alpirsbacher Klosterbräu. Gemeint war der Bierkutscher, der das Pferdefuhrwerk zum Beladen hier anhalten sollte. Was angesichts der zahlreichen Pausengetränke zur Stärkung auf seiner Tour mal mehr, mal weniger gut gelang.

Alpirsbacher Klosterbräu

Anders als es das Kloster nebenan vermuten lässt, brachten nicht die Mönche die Braukunst nach Alpirsbach, sondern ein findiger Unternehmer, der die entstehende Eisenbahnlinie als Chance verstand. Er schickte seinen Sohn nach Weihenstephan, damit dieser im Schwarzwald das „beste Bier der Welt" braue. Ob das gelang, davon kann sich jeder selbst überzeugen – bei einer Führung mit anschließender Verkostung.

Prost!

Das heutige Unternehmen wurde jedoch erst 1877 von Johann Gottfried Glauner gegründet, in dem er das damals noch als Löwenbrau firmierende Unternehmen kaufte und damit die einstige Klosterbrauerei reaktivierte. Seit 1906 heißt die Brauerei schließlich Alpirsbacher Klosterbräu. Bis heute ist die Brauerei ein unabhängiges Familienunternehmen, das im Schwarzwald mittlerweile in der vierten Generation braut.

Im alten Sudhaus kann man auch heiraten

Führung mit Verkostung

Jede Menge historische Maschinen und Werkzeuge zeigen anschaulich, wie der Brauprozess abläuft und wie sich das Bierbrauen im Laufe der Zeit entwickelte. Gebraut wird seit rund 900 Jahren in Alpirsbach. Im historischen Sudhaus aus dem Jahr 1912 können Bierfans übrigens auch heiraten und zusammen mit der ganzen Hochzeits-Entourage die Ehe mit einem kräftigen Schluck Gerstensaft besiegeln.

Einkehren kann man nach einer Führung im historischen Brauereigasthof „Löwen Post" und dort die regionale Schwarzwaldküche bei einem Brauherren-Menü oder mit Zwiebelrostbraten oder Biermaultaschen probieren. Schwarzwälder Schinken gibt es natürlich auch zum Bier.

Historischer Braugasthof

Lage: ca. 15 Kilometer südlich von Freudenstadt

Adresse: Alpirsbacher Klosterbräu, Marktplatz 1, 72275 Alpirsbach

Websites:
- *alpirsbacher.de*
- *loewen-post.de*

Info

Impfzentrum+

Der Westen
Baden-Baden

Der Westen

37. Baden-Baden: mondäne Metropole
38. Friedrichsbad Baden-Baden: einzigartige Architektur
39. Museum Frieder Burda: Juwel im Park
40. Rosengarten in Baden-Baden: auf dem Beutig
41. Merkuriusberg: grandiose Aussichten
42. Geroldsauer Mühle: für Genießer, Ausflügler und Heimatverbundene
43. Hornisgrinde: höchster Berg des Nordschwarzwaldes
44. Mummelsee: Ausflugsziel mit urwüchsiger Natur
45. Nationalparkzentrum Ruhestein: den Schwarzwald erleben
46. Allerheiligen Wasserfälle: mystischer Ort
47. Schwarzwaldhochstraße: Highlights auf 60 Kilometern
48. Oberkirch: Genusstour in der Kleinstadtperle
49. Die Ortenau brennt … feinste Obstbrände
50. Schloss Staufenberg: Weinanbau und grandiose Aussicht

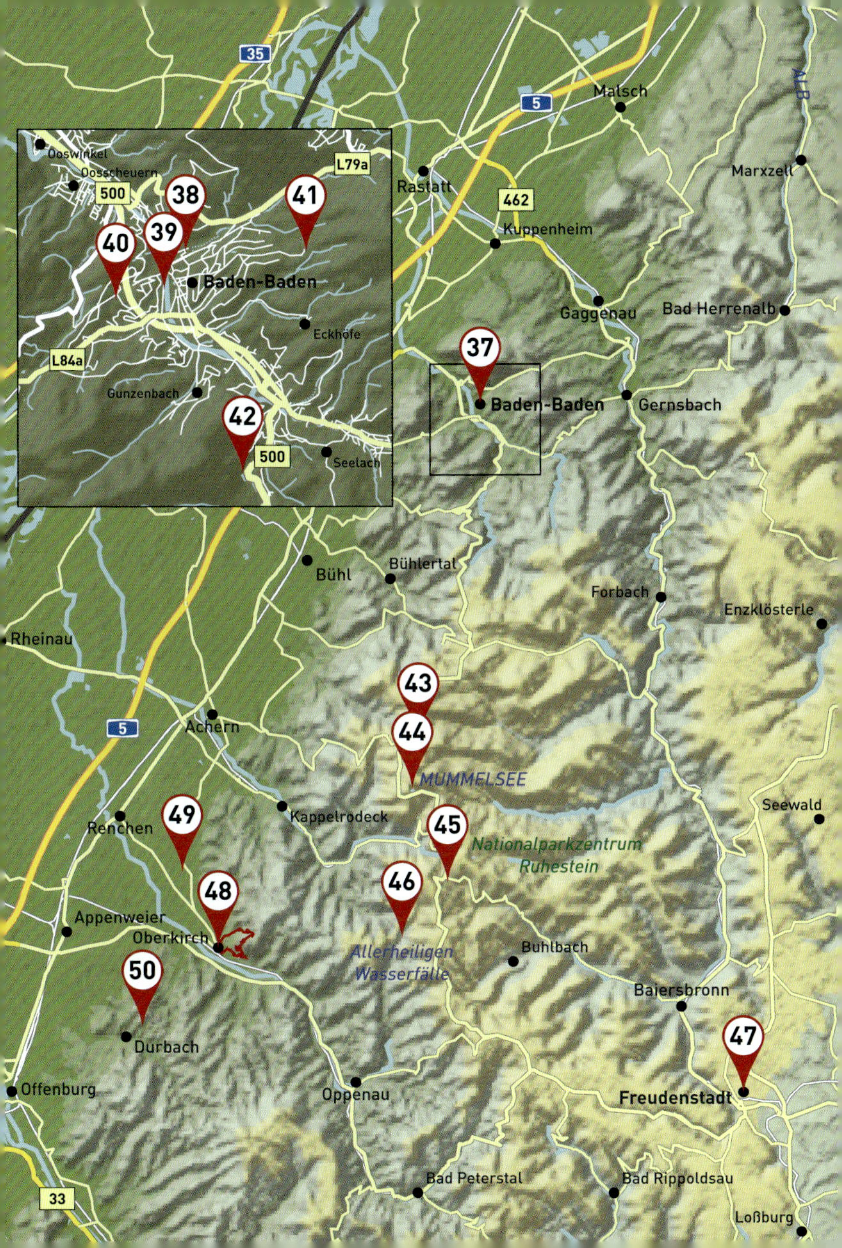
35
5
Malsch
ALB
Marxzell
Rastatt
462
Kuppenheim
Gaggenau
Bad Herrenalb
37
Baden-Baden
Gernsbach
Ooswinkel
Oosscheuern
500
38
41
L79a
40
39
Baden-Baden
Eckhöfe
L84a
Gunzenbach
42
500
Seelach
Bühl
Bühlertal
Forbach
Enzklösterle
Rheinau
43
44
MUMMELSEE
Achern
5
Renchen
49
Kappelrodeck
45
Nationalparkzentrum Ruhestein
Seewald
48
46
Appenweier
Oberkirch
Allerheiligen Wasserfälle
Buhlbach
50
Baiersbronn
Durbach
47
Offenburg
Oppenau
Freudenstadt
Bad Peterstal
Bad Rippoldsau
33
Loßburg

37 Baden-Baden

MONDÄNE METROPOLE

Baden-Baden. Wer denkt da nicht zuerst an Belle Époche, große Oper und Bäderromantik. Reichlich Kultur, prächtige Villen und die einzigartige Lage am Rand des Schwarzwaldes ziehen seit Jahrhunderten Gäste an.

Legendär ist das Casino aus dem 18. Jahrhundert – und so ganz anders als vermutet. Die Atmosphäre rund um die Poker- und Roulettetische erinnert mit den roten Wänden und riesigen Kronleuchtern eher an ein französisches Schloss als an die Glücksspieltempel in Las Vegas. Wer sein Glück nicht herausfordern möchte, kann an einer der Führungen teilnehmen, die täglich stattfinden.

Trinkhalle im Kurpark

Lust auf einen Streifzug durch Baden-Baden? Ein guter Startpunkt wäre die Trinkhalle unweit des Casinos mit ihren 16 korinthischen Säulen und Fresken. Kurhaus, Kunsthalle und das weiße

Lichtentaler Allee

Schmuckstück mit der Sammlung Frieder Burdas liegen wie an einer Perlenschnur aufgereiht im Kurpark. Wunderbar flanieren lässt es sich durch die Lichtentaler Allee entlang des Flüsschens Oos. Mehr als 300 verschiedene Bäume und Sträucher, von Azaleen bis Rhododendron, verwandeln den Park je nach Jahreszeit

Kurpark Baden-Baden

in einen magischen Ort. Besonders schön im Frühling, wenn Krokusse, Narzissen und Wildtulpen blühen sowie das Farbenspiel mit den schönsten Rot- und Orangetönen der Blätter im Herbst. Ursprünglich als Eichenallee 1655 angelegt, wurde die mehr als drei Kilometer lange Prachtstraße weltberühmt.

Seit mehr als 130 Jahren verzaubert das altehrwürdige Friedrichsbad mit seiner Architektur und entspannenden Thermalbecken. Wellness-Fans werden begeistert sein: Ganze zwölf Thermalquellen entdeckten die Römer schon vor 2000 Jahren. Heute laden das Friedrichsbad und die moderne Caracalla-Therme zum stilvollen Relaxen ein.

Wahrzeichen und Badepalast aus dem 19. Jahrhundert

Vom Kurpark aus führt auch ein Fußweg hinauf zum Rosengarten auf dem Beutig. Noch höher hinaus geht es auf den Merkur, den 669 Meter hohen Hausberg von Baden-Baden. In vier Minuten überwindet die Standseilbahn eine Steigung von bis zu 54 Prozent. Vom Ausflugslokal mit Sonnenterrasse reicht der Blick weit über den Schwarzwald, die Rheinebene bis zu den Vogesen.

Rosengarten auf dem Beutig

Die Nähe zu Frankreich zeigt sich auch im kulinarischen Angebot von Baden-Baden. Weinbergschnecken und Flammkuchen stehen auf den meisten Speisekarten ebenso wie badische Küche. Ein echter Geheimtipp in der Altstadt: die Weinstube Baldreit. Hat man das etwas versteckt in einer Seitengasse gelegene Lokal mit dem lauschig grünen Innenhof erst mal gefunden, kann man dort Weine der Region sowie kreative regionale Gerichte genießen. Romantikfaktor: hoch.

Info

Lage: Baden-Baden liegt ca. 35 Kilometer südlich von Karlsruhe

Website: *baden-baden.de*

38 Friedrichsbad Baden-Baden

EINZIGARTIGE ARCHITEKTUR

Der Badepalast übt bereits von außen eine mystische Anziehungskraft aus. Seit 145 Jahren gehört er zu den Wahrzeichen Baden-Badens. Seinerzeit galt das Renaissance-Gebäude als das modernste Badehaus Europas und hat seither nichts an Charme verloren. Bereits die Eingangshalle und der Aufgang zum Friedrichsbad beeindrucken mit ihrer einzigartigen Architektur.

Insgesamt 17 Stationen durchläuft man im Friedrichsbad – und zwar nackt. Eine freundliche Bademeisterin dirigiert die Besucher zackig und im breiten badischen Dialekt durch den Parcours. Duscharmaturen, handbemalte Majolika-Kacheln und der prächtige Kuppelsaal versetzen den Besucher augenblicklich in längst vergangene Zeiten.

Nach einer heiß-kalten Dusche, bei der Thermalwasser auf einen prasselt, wandelt man über Marmorboden weiter in die Heißlufträume und macht es sich auf den Holzliegen bequem. Bei Temperaturen zwischen 54 und 68 Grad fährt der Körper schnell in den Ruhemodus herunter. Beim Anblick der historischen Majolika-Kacheln an der Wand denkt man an Mark Twain, der im Winter 1877/1878 über einen Besuch im Friedrichsbad schrieb: „Nach zehn Minuten vergessen Sie die Zeit und nach 20 Minuten die Welt."

Friedrichsbad mit 17 Stationen

Wie eine warme Decke: Im Sprudelbad legt sich das Wasser angenehm über den Körper, gleichzeitig wird der Rücken sanft massiert. Im Kuppelsaal reicht der Blick beeindruckende 18 Meter bis zur Decke und den römischen Statuen hinauf, während man seine Runden im Bewegungsbecken dreht. Nach einer Abkühlung im Tauchbad und einer Portion Pflegelotion wickelt man sich in vorgewärmte Decken für ein Nickerchen im holzgetäfelten Ruheraum und genießt einen Tee – ein perfekter Stress-Abbau. Mitbringen muss man nichts ins textilfreie Friedrichsbad – außer Zeit.

Info

Lage: Baden-Baden liegt ca. 35 Kilometer südlich von Karlsruhe.

Adresse: Friedrichsbad, Römerplatz 1, 76530 Baden-Baden

Website: *carasana.de/de/friedrichsbad*

39 Museum Frieder Burda

JUWEL IM PARK

Direkt neben der Staatlichen Kunsthalle Baden-Baden fügt sich das neue Museum für Kunst des 20. und 21. Jahrhunderts nicht nur harmonisch in die historische Parkanlage ein, sondern ergänzt sich geradezu mit der hundert Jahre älteren neoklassizistischen Kunsthalle. Und doch behalten beide Gebäude ihre architektonische Identität. Gemeinsame Ausstellungen erstrecken sich auf beide Gebäude, die mit einer gläsernen Brücke verbunden sind.

Strahlend weiß steht der Solitär in der Lichtentaler Allee. Wie eine moderne Villa. Geradlinig, puristisch, offen. Ein Juwel im Park, so bezeichnete ihn der amerikanische Architekt Richard Meier, nach dessen Entwurf der Bau entstand. Ein Hingucker ist das Museum Frieder Burda auf jeden Fall.

Das Museum Frieder Burda besticht durch seine klare Struktur und Transparenz – Innenraum und Außenanlage verschmelzen durch große Glasfronten, die viel Tageslicht hereinlassen. Der offen strukturierte Bau des Frieder Burda Kunstmuseums hat zwei Säle, zwei Kabinette und ein Souterrain. Verbunden sind die Geschosse durch barrierefrei begehbare Rampen.

Neben aktuell rund tausend Werken der Klassischen Moderne und der Zeitgenössischen Kunst aus der Sammlung Frieder Burda sind regel-

Museum Frieder Burda

mäßig Sonderausstellungen zu sehen, Leihgaben anderer bedeutender Sammlungen. So zeigten beispielsweise die Bilder russischer Impressionisten aus der Moskauer Tretjow-Galerie einen völlig neuen Blickwinkel auf diese Kunstepoche, kennen doch die meisten bisher eher die Bilder von Monet oder Renoir mit ihren schwärmerischen Landschaftsmalereien.

Deutscher und Abstrakter Expressionismus, Deutsche Malerei ab 1960, Malerei ab 1990 und Picasso, der mit acht Werken vertreten ist, bilden die Schwerpunkte der heutigen Sammlung von Gemälden, Skulpturen und Arbeiten auf Papier.

Info

Lage: Baden-Baden liegt ca. 35 Kilometer südlich von Karlsruhe.

Adresse: Museum Frieder Burda, Lichtentaler Allee 8B, 76530 Baden-Baden

Website: *museum-frieder-burda.de*

40 Rosengarten in Baden-Baden

AUF DEM BEUTIG

Sie heißen Bee Lovely, Desdemona oder Gräfin Diana – und sind wahre Schönheiten. Viele nennen sie die Königinnen der Blumen: Rosen.

Auf dem Beutig-Berg von Baden-Baden laden sie zur Audienz. Mehr als hundert neue Rosensorten aus der ganzen Welt werden im Rosenneuheitengarten, so der offizielle Name, jährlich gezeigt und von Experten prämiert. Die Auszeichnung mit der „Goldenen Rose von Baden-Baden" ist die größte Ehrung für Rosenzüchter überhaupt.

Rosenneuheitengarten in Baden-Baden

Auf einer Fläche von 7000 Quadratmetern erstreckt sich der Rosengarten am Hang oberhalb der Stadt – mit fantastischer Aussicht auf die Schwarzwald-Berge rund um Baden-Baden.

Nicht nur aktuelle Neuheiten, sondern auch beliebte Sorten der letzten Jahre kann man hier bewundern, während man durch die mit Rosenbögen überspannten Wege entlang spaziert. Kleine, quadratische Wiesenbeete erstrahlen in allen erdenklichen Farben – ein hübscher Kontrast zum Grün des Rasens. Zum Ausruhen stehen überall Bänke und in den halbrunden Lauben geben Statuen griechischer Götter wie Aphrodite, Bacchus und Hebe schöne Bildmotive ab. Vor allem jedoch kommen Blumenliebhaber von weit her in die heimliche Rosenhauptstadt Deutschlands, um die herrlichen Rosen zu fotografieren. Und nicht nur die werden prämiert. Vom Weltrosenverband „World Federation of Rose Societies" wurde der Garten auf dem Beutig 2004 als „Garden of Excellence" ausgezeichnet.

Begonnen hat alles 1952 mit einem ersten Wettbewerb in der Gönneranlage in Baden-Baden. Da der Platz bald nicht mehr ausreichte, suchte man nach Alternativen. Anlässlich der Landesgartenschau 1981 wurde der Rosengarten schließlich auf dem Beutig angelegt. Da der Boden sich als nicht optimal für Rosen herausstellte, schüttete man eine ein Meter tiefe Schicht aus Lösslehm aus der Rheinebene auf. Seitdem zeigen Rosenliebhaber hier jährlich ihre neuesten Züchtungen.

2020 erhielt mit „Perennial Red Domino" zum ersten Mal eine Kletterrose den begehrten Titel. Deren kleine dunkelrote Blütenbüschel leuchten die ganze Saison über und sind mit ihren drei Meter Höhe ein echter Hingucker.

Blick auf den Merkur, den Hausberg Baden-Badens

Um „Goldene Rosen von Baden-Baden" zu werden, reicht es nicht, schön auszusehen. Kriterien wie Duft, Blütenform, Blätter und Gesamteindruck bringen ebenso Punkte ein. Zudem sollte die Rose widerstandsfähig sein und möglichst lange blühen, um bei den Prüfern ganz vorn zu landen. Der Wettbewerbe im Rosenneuheitengarten Baden-Baden gilt als einer der bedeutendsten in ganz Europa und kann mit renommierten Prüfgärten in Paris oder England mithalten.

Königin der Blumen

Empfehlenswert ist ein Besuch am frühen Morgen oder kurz vor Sonnenuntergang. Regelmäßig finden auf dem Beutig im Sommer Konzerte mit der Baden-Badener Philharmonie statt sowie die Veranstaltungsreihe „Mondkino im Rosengarten".

Info

Lage: auf dem Beutig in Baden-Baden, ca. 35 Kilometer südlich von Karlsruhe

Adresse: Rosenneuheitengarten, Moltkestraße 3, 76530 Baden-Baden

HINWEIS: Vom Kurpark in Baden-Baden aus führt ein Fußweg hinauf auf den Beutig.

41 Merkuriusberg

GRANDIOSE AUSSICHTEN

Lautlos setzt sie sich in Bewegung, sanft, ohne ein Ruckeln. Noch beeindruckender ist die Leistung: Knapp vierhundert Höhenmeter in vier Minuten schafft die alte Dame. Seit 1913 fährt die Standseilbahn auf den Merkurius, den Hausberg Baden-Badens.

Damit ist sie nicht nur eine der ältesten, sondern mit 1192 Metern auch eine der längsten. Bis zu 58 Prozent Steigung überwindet die MerkurBergbahn dabei von der Talstation bis zum Gipfel. Der Alltag bleibt unten in Baden-Baden zurück – die kleine Auszeit kann beginnen.

Standseilbahn auf den Baden-Badener Hausberg

Schon während der Auffahrt, die von Farnen und Rhododendren gesäumt ist, bietet sich eine großartige Aussicht. Die ganz oben auf 668 Metern natürlich noch getoppt wird. Verlässt man die Bergstation, steht man quasi direkt auf der Sonnenterrasse des Ausflugslokals „Merkurstüble", wo zur Schwarzwälder

1192 Meter und bis zu 58 Prozent Steigung überwindet die MerkurBahn

Merkurstüble

Kirschtorte grandiose Fernblicke serviert werden. Vor uns liegt Baden-Baden, das Murgtal, dahinter glitzert der Rhein und am Horizont grüßen Elsass und Vogesen.

Von der Talstation der MerkurBergbahn führt auch ein schattiger Waldweg zum Gipfel. Mit tollen Aussichten unterwegs: auf die Ruinen Hohenbaden und Alt-Eberstein, die Yburg, die Battertfelsen, Badener Höhe und Hornisgrinde.

Wer noch höher hinaus will, hat zwei Möglichkeiten: entweder beim Tandemflug mit einem Gleitschirm über den Baumwipfeln des Schwarzwaldes zu schweben. Die Startrampe liegt direkt

Startplatz für Gleitschirmflieger

neben dem Ausflugsrestaurant. Oder weitere 23 Meter mit dem Aufzug die Aussichtsplattform des Merkurturms erklimmen und von dort das 360-Grad-Panorama genießen.

Auf der Wiese vor dem Turm laden Liegen zum Relaxen ein, viele Baden-Badener kommen hier hoch zum Picknicken oder Grillen – und auch zum Sonnenuntergang ist das ein romantisches Plätzchen. Die letzte Bergbahn bringt einen um 22 Uhr wieder hinunter nach Baden-Baden.

Turm auf dem Merkur

Ebenfalls ein Erlebnis: der Wildgehege-Rundweg von der Merkur-Talstation über die Eckhöfe mit Einkehrmöglichkeit im Waldcafé. Die Strecke hat eine geringe Steigung und ist mit einem geländegängigen Kinderwagen gut zu machen. Kinder werden begeistert sein von den Tieren, während die Erwachsenen an der Marienkapelle auf dem Eckberg die Aussicht auf Lichtenau genießen.

Info

Lage: oberhalb von Baden-Baden, ca. 35 Kilometer südlich von Karlsruhe

Adresse: MerkurBergbahn, Merkuriusberg 2, Baden-Baden

Websites:

- *baden-baden.com*
- *merkurstueble-baden-baden.de*

HINWEIS: begrenzte Parkmöglichkeiten an der Talstation der Bergbahn, am besten mit dem Bus 204/205

42 Geroldsauer Mühle

FÜR GENIESSER, AUSFLÜGLER UND HEIMATVERBUNDENE

Marktplatz, Schaubäckerei, Biergarten, Gasthaus, Event-Location – die Geroldsauer Mühle ist alles in einem. Und auch kaum zu übersehen. Wer von Baden-Baden auf der Schwarzwaldhochstraße Richtung Süden fährt, kommt direkt am „Tor zum Schwarzwald“ vorbei. Wäre aber schade, ganz ohne mal hineinzuschauen, weiterzufahren.

Geroldauer Mühle an der Schwarzwaldhochstraße

Das Holzgebäude gilt als das größte aus heimischer Weißtanne gefertigte in Baden-Württemberg. In verschiedenen Läden gibt es Produkte aus der Region zu kaufen, im Mühlenmarkt Bio-Lebensmittel von Bauern aus dem Schwarzwald. Aus der Mühlenbäckerei kommt täglich frisches Holzofenbrot und man kann zuschauen, wie leckere Torten entstehen. Regelmäßig finden Veranstaltungen und Verkostungen in der Geroldsauer Mühle statt. Besonders romantisch sind die Kutschfahrten (im Winter mit Pferdeschlitten) durch die idyllische Landschaft rund um Geroldsau, auf Wunsch auch mit Schwarzwald-Vesper.

Mühlenladen

Das Wirtshaus mit dem großen Biergarten gehört zu den Naturparkwirten und wurde mit drei Löwen ausgezeichnet, die die Initiative „Schmeck den Süden“ in Baden-Württemberg für typisch regionale Küche vergibt. Dieses regelmäßig überprüfte Zertifikat bekommt nur, wer überwiegend Produkte aus Baden-Württemberg auf der Karte anbietet. Die Weine stammen von kleinen Weingütern im Naturpark oder von bekannten Winzergenossenschaften.

Erwähnt wurde die frühere Getreidemühle erstmals im Jahr 1859. Der Geroldsauer Unternehmer Martin Weingärtner erweckte diese 2015 zu neuem Leben – es entstand ein wunderbarer Ort für Genießer, Ausflügler und Heimatverbundene gleichermaßen. Auf der Galerie im ersten Stock gibt eine gemeinsame Ausstellung von Nationalpark Schwarzwald, Naturpark Schwarzwald Mitte/Nord und dem Forstamt Baden-Baden spannende Einblicke in die Naturpark-Landschaft.

Auch in Sachen Nachhaltigkeit engagiert sich die Geroldsauer Mühle. Vom Parkplatz aus führt eine kleine Brücke zum Mühlrad. An der Stelle, wo früher Korn gemahlen wurde, entsteht heute aus Wasserkraft Energie.

Idylle an der Schwarzwaldhochstraße

Mühlrad hinter dem Biergarten

Info

Lage: etwa vier Kilometer südlich von Baden-Baden, direkt an der B500 Schwarzwaldhochstraße

Adresse: Geroldsauer Mühle, Geroldsauer Straße 54, 76534 Baden-Baden

Website: *geroldsauermuehle.de*

43 Hornisgrinde

HÖCHSTER BERG DES NORDSCHWARZWALDES

Rekordverdächtig? Bei der Hornisgrinde kommt jedenfalls einiges zusammen: Mit 1167 Metern ist sie der höchste Berg im Nordschwarzwald. Mit 2200 Litern Wasser pro Quadratmeter fallen hier mehr Niederschläge als sonst wo in Deutschland, von den Alpen mal abgesehen. Und an die 180 Tage im Nebel sind auch rekordverdächtig.

Dabei ist das längst noch nicht alles, was die Hornisgrinde zu bieten hat. Ein Hochmoor beispielsweise, eines der größten im Schwarzwald, am Südgipfel bis zu sieben Meter dick. Diesem verdankt die Hornisgrinde höchstwahrscheinlich auch ihren Namen, der Anfang des 17. Jahrhunderts das erste Mal auftauchte. Man vermutet, dass Hornisgrinde sich von Horn, Mis und Grinte ableitet, was so viel bedeutet wie Bergrücken, der auf seiner Höhe ein Moor trägt.

Grinden sind baumlose Feuchtheiden auf der Hochfläche, die nach der Rodung des Waldes und der anschließenden Nutzung als Weidefläche ab dem 15. Jahrhundert entstanden sind. Das Hochmoor auf der Hornisgrinde dagegen ist um einiges älter – rund 6000 Jahre – und steht teilweise unter Naturschutz.

Am besten kann man Moor und Berg über den Grindenpfad erkunden. Auf dem Gipfelplateau erklären Schautafeln alle wichtigen Lebensräume hier oben und wer hier heimisch ist. Ziemlich

Abendstimmung im Herbst auf der Hornisgrinde

unterhaltsam: das Tagebuch einer Auerhenne. Ja, auch die gibt es im Schwarzwald noch, auch wenn sie sich nur selten blicken lassen. Hören dagegen schon, vor allem am Morgen, wenn die Tagesausflügler noch fern sind.

Wer nicht gerade an einem Montag, da ist der Turm geschlossen, auf die Hornisgrinde spaziert, sollte sich den Blick vom Aussichtsturm nicht entgehen lassen – und nicht nur den Mummelsee mal aus einer anderen Perspektive betrachten.

Aussichtsturm auf der Hornisgrinde

Die beste Jahreszeit für einen Besuch? Schwer zu sagen: Im Frühling blüht das Wollgras, im Spätsommer die Heide lila und im Herbst leuchtet die

Spaziergang auf dem Hornisgrindenpfad

ganze Hornisgrinde in warmem Goldgelb. Und an schönen Wintertagen blickt man von hier oben auf das Nebelmeer und genießt die Wärme der Wintersonne.

Hungrig? Eine zünftige Einkehr verspricht die Grindehütte im modernen Schwarzwald-Chic neben dem Turm.

Info

Lage: oberhalb des Mummelsees (Ortenaukreis) an der Schwarzwaldhochstraße

Start zur Hornisgrinde: zum Beispiel vom Parkplatz Mummelsee, an der B500, 77889 Seebach, oder auf dem Schwarzwälder Genießerpfad vom Seibleseckle

Website: *grindehuette.de*

44 Mummelsee

AUSFLUGSZIEL MIT URWÜCHSIGER NATUR

Ein Schloss aus Kristall, umgeben von Korallen und Seerosen, auf dem Seeboden. Dort wohnen die Mümmlein. Nachts kommen sie aus der Tiefe über eine weiße Marmortreppe an die Oberfläche, um zu tanzen. So geht jedenfalls die Sage vom Mummelsee. Auch der Dichter Eduard Mörike ließ sich in seinem Gedicht „Die Geister am Mummelsee" von der einzigartigen Atmosphäre inspirieren.

Im Sommer blühen tatsächlich Seerosen auf dem Mummelsee. Üppig grüne Bäume und Felsen säumen das Ufer. Wer auf dem wilden Pfad den See umrundet, lässt schnell die Ausflügler am Parkplatz zurück. Die meisten bleiben ohnehin am Berghotel und stöbern in den Shops nach passenden Schwarzwald-Souvenirs.

Berghotel Mummelsee

Der tiefste und mit 1029 Metern zugleich auch der höchstgelegene Karsee befindet sich direkt an einer der beliebtesten Ferienstraßen Deutschlands, der Schwarzwaldhochstraße.

Sagenumwobener Mummelsee

Mummelsee im Nebel

Rund um den See zeigt sich die Natur besonders urwüchsig. Die Wege ringsumher sind weitgehend naturbelassen und bieten mit Baumwurzeln, Moosen, Flechten und engen Passagen fast schon abenteuerlichen Charakter. Sehenswert ist auch der Kunstpfad entlang des Sees mit Werken verschiedener Künstler. Wer den Mummelsee lieber auf dem Wasser überqueren möchte, kann ein Tretboot mieten.

Der Mummelsee ist an drei Seiten von steilen, bewaldeten Berghängen gesäumt und hat einen Umfang von etwa 800 Metern. Im Norden erhebt sich die Hornisgrinde. Lediglich nach Süden sind die Ufer des Mummelsees (fast) flach, dort stehen das Berghotel Mummelsee und die nahe gelegene St. Michaelskapelle. Wer ein bisschen Zeit oder Muße hat, sollte auf jeden Fall den etwa 30-minütigen Fußweg hinauf zur Hornisgrinde gehen. Vom höchsten Gipfel des Nordschwarzwaldes ist der Blick auf den See einmalig (siehe Tipp 43).

Über dem Nebel: Blick von der Hornisgrinde über den Schwarzwald

Durch die Lage direkt an der aussichtsreichen Schwarzwaldhochstraße ist der Mummelsee ein besonders beliebtes Ausflugsziel. Nicht zuletzt wegen der Schwarzwälder Spezialitäten aus dem bekannten Berghotel Mummelsee.

Info

Lage: direkt an der B500 zwischen Baden-Baden und Freudenstadt

Adresse: Schwarzwaldhochstraße 11, 77889 Seebach/Mummelsee

Website: *mummelsee.de*

45 Nationalparkzentrum Ruhestein

DEN SCHWARZWALD ERLEBEN

Es ist windig, die Baumwipfel schwanken, als würden sie einer Melodie folgen. Tun sie ja irgendwie auch, denn der Wind gibt den Takt vor. Geheimnisvoll, teils dunkel und faszinierend zugleich. Mythen gibt es reichlich über diese Gegend. Wir sind mittendrin im Wald – und gehen doch zunächst ins Kino.

Schwarzwald Nationalparkzentrum am Ruhestein

Das neue Schwarzwald Nationalparkzentrum am Ruhestein ist schon von außen ein echter Hingucker. Wie umgefallene Stämme wirkt die Architektur aus heimischer Weißtanne, behutsam in die Natur integriert. In der interaktiven Ausstellung taucht man mit allen Sinnen ein in den Wald, lernt seine Bewohner kennen, kommt sogar dem Wolf ganz nah. Besucher des Nationalparkzentrums schauen sich zur Einstimmung einen Film an, der Einblicke erlaubt, die man im besten Fall sonst nur zufällig erhält. Und natürlich ein paar Fakten über den Schwarzwald. Mit neuem Wissen ausgestattet, verbringen wir einen ganzen Tag im Schwarzwald – allerdings im Zeitraffer.

Wir treffen Auerhahn, Rehkitz, verschiedenen Vogelarten. Erkennen Pilze und Pflanzen, sind umgeben von Vogelgezwitscher und genießen die eindrucksvolle Waldstimmung, die die Ausstellung

Interaktive Ausstellung im Nationalparkzentrum

Dem Wolf auf der Spur

vermittelt. Die ist interaktiv gestaltet, via Displays erfahren wir mehr. Wie zum Beispiel der Ruf des Auerhahns klingt, hören wir an der Vogelstimmenorgel. Witzig: ein Erinnerungsfoto, das das eigene Gesicht in das eines Tieres verwandelt.

Wir lernen viel über die Geschichte des Nationalparks selbst, seinen aktuellen Zustand und die mögliche Zukunft. Die Dauerausstellung zum Thema „Die Natur Natur sein lassen" hält reichlich Informationen parat. Später steigen wir hinunter ins Erdreich – und sind auf einmal ganz winzig. Um uns herum alles riesengroß: der Salamander, dessen Kopf uns anschaut, die Wurzeln der Bäume, durch dessen Geflecht wir hindurchgehen. So ein Perspektivwechsel beeindruckt.

Über die Brücke der Wildnis kommen wir zur Aussichtsplattform und werfen noch einen Blick von oben auf den Schwarzwald. Den Tieren so nah zu sein und diese gleichzeitig auch zu hören – ein Mikroabenteuer (nicht nur) für schlechtes Wetter.

Vogelperspektive

Info

Lage: Der Schwarzwald Nationalpark liegt am Hauptkamm des Nordschwarzwalds zwischen der Schwarzwaldhochstraße und dem Murgtal und besteht aus zwei etwa 3,5 Kilometer voneinander getrennten Einzelbereichen um Ruhestein und Hoher Ochsenkopf/Plättig.

Adresse: Schwarzwald Nationalparkzentrum, Ruhestein 1, 72270 Baiersbronn

Website: *nationalpark-schwarzwald.de*

46 Allerheiligen Wasserfälle

MYSTISCHER ORT

Die Allerheiligen Wasserfälle bei Oppenau ganz gemütlich erleben? Ja, das geht. Man muss am Wochenende einfach ein bisschen früher aufstehen oder gleich unter der Woche kommen. Dann ist die Schlucht unterhalb der Klosterruine aus dem 12. Jahrhundert durchaus ein mystischer Ort.

Allerheiligen Wasserfälle

Die siebenstufigen Wasserfälle sind die vielleicht beeindruckendsten im Nordschwarzwald. Mindestens genauso imposant jedoch ist die Schlucht, in die sich das Wasser ergießt. Man kann die Schlucht in beide Richtungen gehen, entweder startet man an der alten Klosterruine und geht abwärts oder man steigt vom unteren Parkplatz auf. Einkehren kann man im Klosterrestaurant, unbedingt probieren: die hausgemachten Allerheiligentäschle.

Der Grindenbach kommt ganz langsam in Fahrt, plätschert erst ein bisschen verträumt durch den Wald, frisst sich hier und da durch den Gneis, bevor er sich mit Getöse in die Schlucht stürzt, fast 90 Meter tief. Für Fußgänger geht es weniger halsbrecherisch hinab. Entlang der sieben Kaskaden führt ein kleiner Waldpfad über Holzbrücken und Stufen vom Kloster Allerheiligen zum unteren Parkplatz. Etwas sportlicher ist man in umgekehrter Richtung unterwegs, klammaufwärts.

Klosterruine Allerheiligen bei Oppenau

Die beste Schluchtenperspektive bietet der Sagenrundweg auf schmalen Felspfaden über die Engelskanzel mit einem ebenso sagenhaftem Ausblick ins Lierbachtal. Die hundert Meter hohen Wände der Schlucht leuchten sattgrün vom feucht glänzenden Moos.

Abgesehen von den Stufen zum Wasserfall wird es nirgends so richtig steil, sodass auch Wandermuffel ihre Freude an dieser romantischen Tour haben werden. Bei der zweistündigen Wanderofferte vom Nationalparkteam gibt es obendrein noch die eine oder andere Geschichte dazu.

Ausblick vom Sagenrundweg in die Schlucht

Info

Lage: Die Wasserfälle befinden sich ca. zehn Kilometer nördlich von Oppenau. Oppenau liegt etwa 25 Kilometer westlich von Freudenstadt.

Adresse: Klosterruine, Allerheiligen 3, 77728 Oppenau

Website: *renchtal-tourismus.de/poi/5-wasserfaelle-allerheiligen/*

47 Schwarzwaldhochstraße

HIGHLIGHTS AUF 60 KILOMETERN

Mit Superlativen ist das ja so eine Sache, aber manchmal kommt man einfach nicht darum herum. Die Schwarzwaldhochstraße vereint nämlich gleich drei davon. Zum einen ist sie die älteste Ferienstraße Deutschlands. Mit ihren 60 Kilometer Länge höchstwahrscheinlich auch die kürzeste. Aber ganz sicher eine der schönsten.

Ihrem Namen macht die Straße sowieso alle Ehre: Bis auf knapp tausend Meter über Null kurvt die Schwarzwaldhochstraße zwischen Baden-Baden und Freudenstadt durch ein waldreiches Gebiet – mit spektakulären Aussichten auf Täler und Berge, die Rheinebene, ins Elsass und bis zu den Vogesen.

Ab Baden-Baden steigt die Schwarzwaldhochstraße zunehmend steil an bis zur Bühlerhöhe. Weiter geht es durch den nördlichen Teil des Schwarzwald Nationalparks zum Ruhestein. Spätestens dort sollte man einen Stopp einlegen und dem Nationalparkzentrum einen Besuch abstatten (siehe Tipp 45). Im Winter tummeln sich am Ruhestein zahlreiche Wintersportler: auf der Piste, beim Rodelspaß oder auf ruhigen Wegen mit Schneeschuhen auf gut markierten Pfaden. Im Sommer locken viele Wanderwege in die Natur.

Kapelle an der Schwarzwaldhochstraße

Überhaupt sollte man sich etwas Zeit nehmen für Ausflüge entlang der Strecke, was aufgrund der kurzen Distanz wunderbar auch an nur einem Tag funktioniert. Zum Beispiel am sagenumwobenen Mummelsee (siehe Tipp 44). Dort kann man mit dem Boot über den See schippern, eine Runde herumlaufen oder im

Berghotel ein Stück leckere Schwarzwälder Kirschtorte genießen. Wem der Trubel direkt am See zu viel ist, der kann in rund 30 Minuten hochwandern zur Hornisgrinde und eine Runde auf dem Plateau drehen. Die Aussicht ist kaum zu toppen und mit der Grindehütte wartet auch eine schöne Einkehr (siehe Tipp 43).

Aussicht von der Schwarzwaldhochstraße

Ein weiteres Highlight auf der Schwarzwaldhochstraße wartet kurz vor dem Schliffkopf: der Lotharpfad. Am zweiten Weihnachtstag 1999 fegt Orkan Lothar mit mehr als 200 Stundenkilometern über Baden-Württemberg hinweg und hinterließ eine Schneise der Verwüstung. Entlang des einen Kilometer langen Rundweges mit Bohlenwegen und Treppen kann man heute erleben, wie sich die Natur wieder erholt.

Nach dem Sturm ...

Lotharpfad

Kurz vor Freudenstadt bietet die Kniebishütte direkt an der Straße eine weitere Möglichkeit zum Einkehren mit Ausblick. Wer sich noch ein bisschen die Füße vertreten möchte, kommt in etwa einer Viertelstunde zu Fuß zur Aussichtsplattform Ellbachsee mit einem traumhaften Panorama auf den Karsee.

Info

Lage: Die 60 Kilometer lange Ferienstraße liegt zwischen Baden-Baden und Freudenstadt.

Websites: *schwarzwald-tourismus.info*

48 Oberkirch

GENUSSTOUR IN DER KLEINSTADTPERLE

Unter der Bezeichnung „Kleinstadtperle“ haben sich in Baden-Württemberg kleinere Städte zusammengeschlossen, die vor allem zwei Dinge gemeinsam haben: einen einzigartigen Charme und dass sie etwas „ab vom Schuss“ zu finden sind. Und gerade weil die ausgetretenen Touristenpfade einen Bogen um diese Kleinstadtperlen machen, gehören sie zu den echten Tipps für alle, die Stadt und Genuss gern verbinden.

Oberkirch

Wo ginge das besser als in einem Weinort. Oberkirch offeriert beispielsweise eine kulinarische Tour in fünf Gängen. Mit einem Gläschen Prosecco und ein paar Häppchen startet die etwas andere Stadterkundung im Weinhaus am Mühlgraben, mitten in der pittoresken Altstadt von Oberkirch.

Abschluss der Oberkircher Genusswanderung

Von der „Höll ins Paradies" geht es auf der rund sieben Kilometer langen Route durch die Oberkircher Reblandschaft einmal rund um den Ort. Wie in einem Bilderbuch strahlen

Ruine Schauenburg

die Fachwerkhäuser am Mühlgraben, ein Seitenarm der Rench plätschert munter durch die malerischen Gassen, die üppig mit Geranien geschmückt sind. Für die weiteren Gänge spaziert jeder in seinem eigenen Tempo durch die Stadt, durch die Weinberge und zu Sehenswürdigkeiten wie der Ruine Schauenburg oder verschiedenen historisch bedeutsamen Häusern.

Altstadt Oberkirch

Auch nett: das Renchtäler Versuchertäschle. Alternativ zu den Renchtäler Genusstouren gibt es dieses neue Weinproben-Format. Hier können Weinbegeisterte auf eigene Faust ihr Wissen rund um die regionalen Weine und den Weinbau erweitern und in der Renchtäler Reblandschaft den Wein da genießen, wo er wächst. Weitere Gelegenheiten, die feinen Ortenauer Weine zu probieren, finden sich in Oberkirch reichlich, am besten, man lässt sich einfach ein wenig treiben und besucht eine der zahlreichen Weinstuben in Oberkirch.

900 Brenner üben in Oberkirch ihr hochprozentiges Handwerk aus

Übrigens: Im sonnigen Klima reifen nicht nur Weintrauben, sondern auch Äpfel, Zwetschgen und Birnen voll aus. Rund 900 Brenner üben in Oberkirch ihr hochprozentiges Handwerk aus. Einigen darf man dabei über die Schulter schauen.

Brennerei Fies

Lage: etwa zwölf Kilometer nordöstlich von Offenburg

Website: *renchtal-tourismus.de/geniessen/renchtaeler-genusstouren*

Info

49 Die Ortenau brennt …

FEINSTE OBSTBRÄNDE

Geister im Schwarzwald? Gibt es. Und die aus der Brennerei Fies in Oberkirch sind einfach wunderbar. Ganz und gar nicht kratzig, sondern beinahe weich. Sie duften nach den Früchten, aus denen sie entstanden sind – und ein bisschen auch nach Heimat.

Brennerei Fies

Seit 1948 brennt die Familie Fies im malerischen Städtchen Oberkirch in der sonnenverwöhnten Ortenau feine Schwarzwälder Obstbrände. Und ist dabei nicht allein: Die Ortenau verzeichnet die höchste Dichte an Brennereien in ganz Deutschland. Allein in Oberkirch gibt es rund 900 registrierte Hausbrennereien, aus denen es köstlich duftet, wenn die Früchte destilliert werden.

Obstbrände, Geiste und natürlich das berühmte Kirschwasser, das in keiner echten Schwarzwälder Kirschtorte fehlen darf, werden hier in der dritten Generation hergestellt. Aber auch Zwetschgen, Äpfel, Birnen oder Marillen werden zu feinen Spirituosen.

Schwarzwälder Kirschwasser und mehr

Vor allem Steinobst lässt sich gut verarbeiten, ganz besonders die Kirsche. In der Feingeistbrennerei Fies werden die Früchte zusammen mit dem Kern destilliert, deren feine Bittermandelnote das Kirschwasser so einzigartig macht. Zucker oder Aroma sind tabu – ausschließlich frische Früchte aus der Region sind erlaubt.

Hier wird eine große Auswahl an Obstbränden angeboten

Diese reifen in der herrlichen Natur des Schwarzwaldes – die Ortenau ist als Obstparadies weit über die Region hinaus bekannt. Den Brennern darf man oft über die Schulter schauen und erfährt viel Wissenswertes über die Herstellung der Obstbrände und die Tradition der Brennerei – ein einmaliges Erlebnis, bei dem natürlich auch verkostet werden darf.

Die Auswahl ist riesig – vom klassischen Obstbrand aus Äpfeln und Birnen bis hin zu Spezialitäten wie den Chronum-Bränden, die einen ganz besonderen Bezug zur Schwarzwald-Heimat darstellen, reicht die Palette bis hin zu Gin aus dem Schwarzwald. Ein schönes Souvenir findet man anschließend im hauseigenen Laden der Feingeistbrennerei.

Lagerung in Holzfässern

Adresse: Franz Fies GmbH
Schwarzwälder Feingeistbrennerei,
Heugasse 5, 77704 Oberkirch

Website: *feingeistbrennerei.de*

Info

50 Schloss Staufenberg

WEINANBAU UND GRANDIOSE AUSSICHT

Nach allen Seiten freie Sicht. Für den Bau einer Burg war das ein entscheidender Vorteil und sicher ein Kriterium, das die Zähringer vor rund tausend Jahren zum Bau der Burg Stouffenberg, wie diese damals hieß, bewog. Der Name leitet sich vom Althochdeutschen Begriff „Stauf" ab, was einen kegelförmigen Berg bezeichnet.

Noch heute ist der Ausblick vom 383 Meter hohen Felsvorsprung über dem Durbachtal atemberaubend – bei guter Sicht bis zum Straßburger Münster im Elsass. Die Sonnenterrasse ist ein perfektes Plätzchen für einen schönen Nachmittag bei Kaffee und Kuchen oder einem Glas Wein zum Sonnenuntergang.

Beliebtes Ausflugsziel in der Ortenau: Sonnenterrasse von Schloss Staufenberg

Steile Weinberge reichen direkt bis ans Schloss heran, der Weinbau ist hier ebenso lang verwurzelt wie die adligen Vorfahren des Markgrafen von Baden, zu dessen Besitz die Reben heute gehören.

Zum Schloss im Stil der Romantik wurde Staufenberg erst im 19. Jahrhundert umgebaut, 2012 liebevoll renoviert und hat sich zu einem beliebten Ausflugsziel entwickelt. Neben der urigen Weinstube, die vom Hotel Ritter in Durbach bewirtschaftet wird, gibt es einen Hofladen mit regionalen Produkten und den Weinen des Markgrafen von Baden.

Liegt direkt am Durbacher Panoramaweg: Schloss Staufenberg

Die markgräfliche Familie baute hier nicht nur seit Jahrhunderten Wein an, sondern machte sich auch für die Qualität der badischen Weine stark, indem Christoph Markgraf von Baden 1495 ein erstes Weinbaugesetz erließ und später den „Klingelberger" anbaute, der für die Riesling-Tradition in der Ortenau steht.

Schloss Staufenberg

Architektur und gestaltete Natur, Schloss und Weinberg ergänzen sich auf Schloss Staufenberg auf schönste Weise.

Alles zusammen kann man auf dem Durbacher Panoramaweg erleben, der direkt am Schloss Staufenberg vorbeiführt.

Die Weinstube und bei gutem Wetter auch die Sonnenterrasse bieten badische Köstlichkeiten wie ofenfrischen Flammkuchen und regionale Vespergerichte an.

Info

Lage: etwa 15 Kilometer nordöstlich von Offenburg

Adresse: Schloss Staufenberg, Schloss Staufenberg 1, 77770 Durbach

Website: *schloss-staufenberg.de*

Das kleine
Wörterbuch

Auf dem Teinacher Premiumwanderweg

Das kleine Wörterbuch

B

Babberdeggl – Karton
Bäuerle – Räusper
Bebbe – Kleben
Beiz – Wirtschaft
Bleche – Bezahlen
Bolle – Eiskugel
Brägele – Bratkartoffeln

C

Chriese – Kirschen

D

Dabbig – Ungeschickt
Daschemässer – Taschenmesser
Dätsch/Kintsch/Konntsch ...? – Könntest Du ...?
Des do/sel do – Das da
Des isch – Das ist

G

Gaiß – Ziege oder 16:45 Uhr
Gäriebli – Karotten
Goggel – Hahn

H

Hä – wie bitte
Haafe – Topf
Hämma? – Haben wir...?
Heb dei Gosch! – Halt den Mund!
Hidd – Heute
Huddle – Hastig

K

Kniesle – Endstück vom Brot
Krummbiere – Kartoffeln

N

Nufzus – Aufwärts
Nunder, nab – Hinunter

P

Pfezze – Kneifen

R

Ranzepfiffe – Bauchweh

S

Schlecksli/Gsälz – Marmelade
Schlozze – Lutschen
Schmegge – Riechen
Schnooge – Stechmücke
Schuhbändel – Schnürsenkel
Spinnhuddle – Spinnweben

V

Verzeehle – Erzählen

W

Weckle – Brötchen
Wii – Wein

Z

Zomme – Zusammen

Quelle: schwarzwald-tourismus.info

Museum Frieder Burda, Baden-Baden

Register

Weinberge bei Oberkirch

Register

F

G

H

I

K

L

M

Wasserrad am Nagoldtalradweg

WANDERGLÜCK
Matthias Schopp
Schwarzwald Mitte Nord
zwischen Karlsruhe und Freiburg – mit Nationalpark Schwarzwald
60 Touren mit GPS-Tracks
ROTHER | WANDERFÜHRER

Bildnachweis:
Alle Bilder von Antje Seeling, außer 4028mdk09, CC BY-SA 3.0 S. 32 | 5107702 pixabay S. 90 | Adobe Stock Cover | asisi (Pergamon) S. 34-37 | Birgit Betzelt S. 150 | Frank Vincentz, CC BY-SA 3.0 S. 23, 66, 98 | Georg Waßmuth, CC BY-SA 2.0 S. 33 | Gerd Eichmann, CC BY-SA 3.0 S. 247 | Gerd Eichmann, CC BY-SA 4.0 S. 47, 49, 192, 194, 195 | GerryX-E1, CC BY-SA 4.0 S. 15u | GFHund, CC BY-SA 4.0 S. 20 | Giramondo1, CC BY-SA 2.0 S. 21o | Karten Karten – Mapcreator.io, OSM.org, ©DLR, ©Airbus Defense and Space, ©Copernicus 24, 25, 29, 83, 135, 187 | Martin-D, CC BY-SA 3.0 S. 48 | MSe-ses_Wikimedia Commons S. 91 | Olli Manninen, CC BY-SA 4.0 S. 21u | Palais Thermal S. 17 u, 120-123 | photosforyou pixabay S. 30 | qwesy qwesy, CC BY 3.0 S. 31, 68/69, 99 | SchiDD, CC BY-SA 4.0 S. 181o, 183 | Schömberg Erlebniswelt GmbH, Lightworkart S. 26/27, 62, 64o, 132/133 | Stadt Wildberg S. 136-138 | Stefan Karl, CC BY-SA 4.0 S. 158/159 | Stiftung für Bären 175 o, 175u, 178 | Stadt Neubulach/Walter Jan S. 75o, 75u